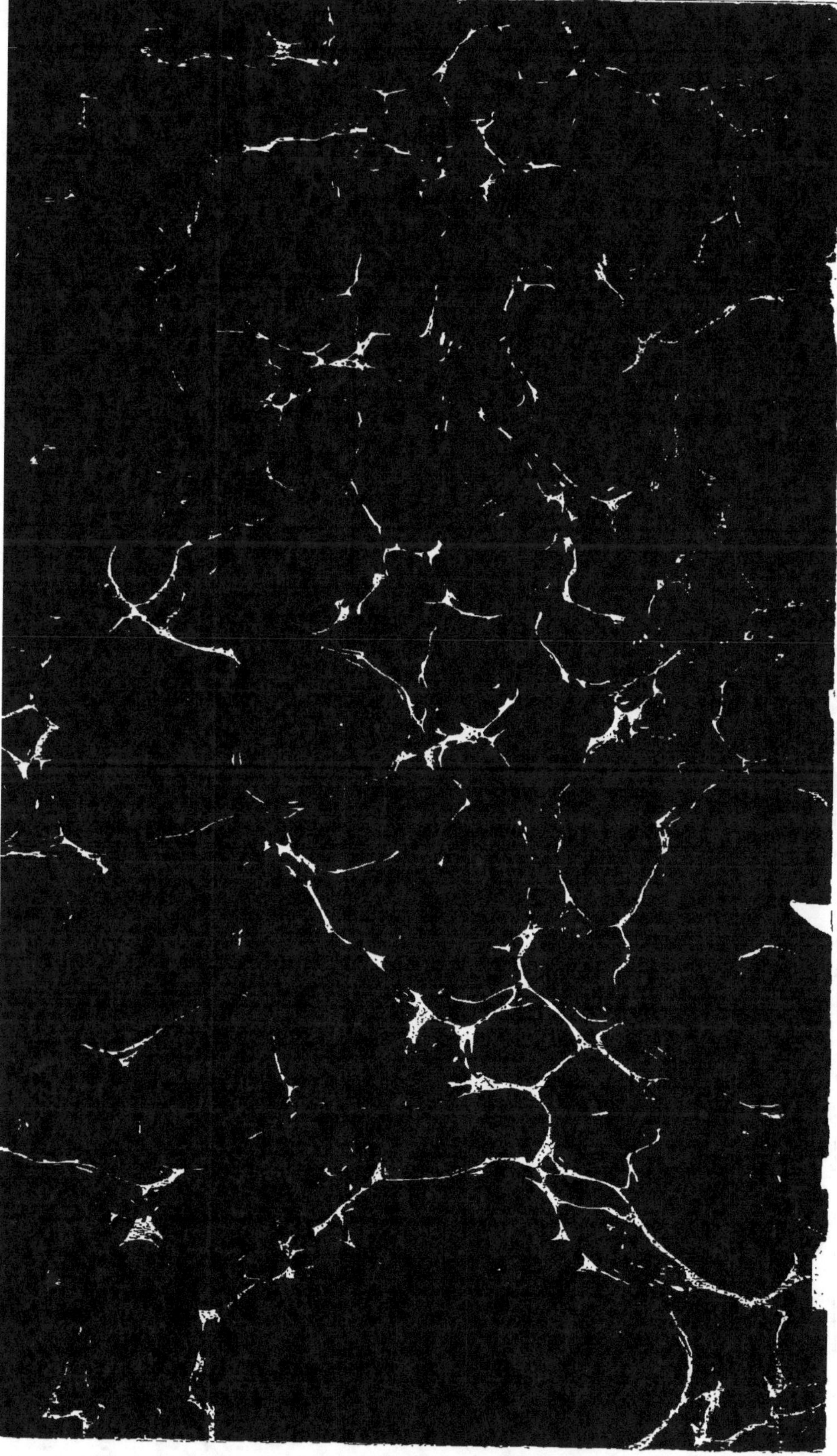

NOTICE

PLAN DE PARIS

DE JACQUES GOMBOUST

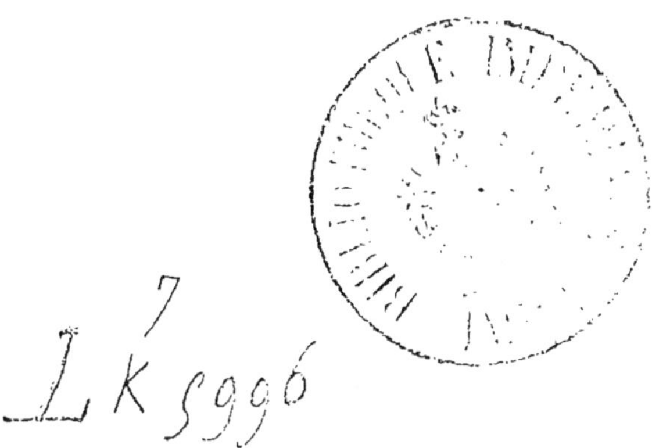

TYPOGRAPHIE DE CH. LAHURE ET Cᴵᴱ
Imprimeurs du Sénat & de la Cour de Caſſation
Rue de Vaugirard, 9.

NOTICE

SUR LE

PLAN DE PARIS

DE JACQUES GOMBOUST

PUBLIÉ POUR LA PREMIÈRE FOIS EN 1652

reproduit par la

SOCIÉTÉ DES BIBLIOPHILES FRANÇOIS EN 1858

AVEC LE DISCOURS

SUR L'ANTIQUITÉ, GRANDEUR, RICHESSE, GOUVERNEMENT
DE LA VILLE DE PARIS, PAR P. P.

et une

TABLE ALPHABÉTIQUE

indiquant les rues, les ponts, les portes, les églises, les couvents,
les colléges, les palais, les hôtels & maisons remarquables

PARIS

Chez TECHENER, rue de l'Arbre-Sec, 52
POTIER, quai Malaquais, 9
AUBRY, rue Dauphine, 16

—

M DCCC LVIII

AVERTISSEMENT.

La Notice ſur le Plan de Gombouſt paroît enfin aujourd'hui. Je ſais combien le retard apporté à la publication de ce travail a été déſagréable aux amateurs qui ont fait l'acquiſition du Plan, non pas à cauſe de ce que j'ai pu dire de nouveau, mais à cauſe de l'utilité inconteſtable dont ſera la nomenclature des rues, égliſes, palais, hôtels, aux perſonnes qui s'occupent de l'ancien Paris. Des difficultés matérielles réſultant du nombre aſſez reſtreint des lettres capitales de notre caractère, dont la nomenclature des rues a exigé un très-fréquent uſage, l'impreſſion des exemplaires ſur vélin deſtinés aux membres de la Société, ont cauſé auſſi le retard dont ſe ſont plaints nos ſouſcripteurs, & dont je tenois à me juſtifier.

Mon travail étoit imprimé déjà, quand j'ai lu,

dans une notice de M. A. Bonnardot fur la col-
lection d'Eftampes de M. Gilbert (1), une lettre
de cet amateur, dans laquelle il parle de Gombouft
comme ayant été ingénieur & graveur. Il invoque
le témoignage de Huet, qui, dans fes Origines de
Caen, édition de 1706, page 145, auroit donné
ce renfeignement. Voici en quels termes s'exprime
le favant évéque d'Avranches : « *Je crois devoir*
dire icy quelque chofe du plan de Caen levé par le
fieur Gombouft, ingénieur & graveur, qui avoit fi
heureufement réuffi à ceux de Paris & de Rouen.
Il s'offrit aux échevins de Caen pour travailler à
celuy de leur ville. Le marché fut conclu, & la
moitié du prix convenu fut avancée. Il commença
l'ouvrage, & le plan fut levé. Il le porta à Paris
pour le faire graver; *mais la mort l'ayant pré-*
venu, le plan demeura entre les mains de fes héri-
tiers, fort négligé par eux, & entièrement aban-
donné de la ville. J'en fis recherche étant à Paris,
et l'ayant découvert l'an 1668, j'obligeay les fieurs

(1) « Catalogue des livres, deffins & eftampes compofant
le cabinet de feu M. H. P. M. Gilbert, homme de lettres,
membre de la Société des Antiquaires de France, &c.;
précédé d'une notice biographique par M. Dufevel; fuivi
d'appréciations fur la collection iconographique, par
M. Bonnardot. » Paris, Delion, &c., 1858, in-8°, p. 110.

Hinse & Bignon, graveurs, ses héritiers, d'entretenir le traité & graver ce plan, & les échevins payèrent le reste de la somme. » Il résulte évidemment de ce passage que Gomboust n'a jamais été graveur. Malgré tout, le renseignement donné par Huet étoit bon à consigner dans mon travail.

Je dois prévenir aussi les personnes qui ont acheté le Plan de Gomboust, que le faux-titre annoncé sur le Plan d'assemblage, & qui n'avoit pas été imprimé, est maintenant sous presse, & sera délivré le plus tôt possible.

LE ROUX DE LINCY,
Secrétaire de la Société.

NOTICE

SUR LE

PLAN DE PARIS

DE GOMBOUST.

LE plan de Paris dont la Société des Biblio-philes françois publie une reproduction auſſi complète que fidèle, eſt ſans contredit le travail le plus remarquable dans ce genre qui ait été fait avant le XVIIIe ſiècle.

Jacques Gombouſt, dont la vie n'eſt pas connue, mais qui prend les titres de conducteur d'ouvrages de fortification & d'ingénieur du roi, ſe déclare auteur de ce plan, pour l'exécution duquel il reconnoît avoir eu l'aide & les conſeils de M. Petit, intendant des fortifications. Dans un avertiſſement au lecteur, il expoſe toute l'économie de ſon tra-

a

vail. Après avoir dit combien de difficultés il a eues à vaincre pour reproduire, d'après les règles févères de la géométrie, les rues, les quais, les ponts, les places, les églifes, les couvents, les hôpitaux, les collèges, les palais & les hôtels, il infifte fur l'ignorance de tous ceux qui avoient effayé le même travail avant lui, fignale quelques-unes des fautes groffières qu'ils avoient commifes, & termine en difant qu'il n'a repréfenté que les *hôtels de conféquence, avec leurs jardins & parterres,* mais qu'il a pointillé la furface de toutes les maifons particulières. « En forte que partout où il y a des points, figurez-vous, dit-il, que ce font des maifons, foit dans la ville, foit dans les fauxbourgs. Et du tout il en fault avoir l'obligation particulière à Monseigneur Séguier, chancelier de France, dont le mérite & la vertu ne fçauroient eftre affez hautement louez, &c. (1) »

Jacques Gombouft dit qu'il a mis cinq années à l'exécution de fon œuvre; par conféquent c'eft l'état de la ville de Paris, en 1647, que le plan deffiné par lui repréfente. Ce

---

(1) Voir au plan la notice qui commence feuille vi & fe termine feuille ix. Dans une autre notice jointe aux feuilles iv & vii, Gombouft revient encore, & avec détails, fur les fautes de fes devanciers.

plan ne pouvoit manquer d'obtenir un fuccès très-légitime : quelques années plus tard, le jeune roi, Louis XIV, à l'inftigation du chancelier Séguier, donnoit à l'auteur le titre de son *ingénieur pour l'élévation des plans des villes & des maisons royales*, avec un privilège de quinze années, pour la reproduction exclufive comprenant le deffin, la gravure, l'impreffion des lettres, & la vente.

Fort de ce privilège, Gombouft publioit, en 1655, un plan de la ville de Rouen, dont l'exécution, fans être auffi remarquable que celle du plan de Paris, ne laiffe pas que d'être bien fupérieure à tous les effais tentés avant lui. Deux années plus tard, il cédoit à Gafpar Merian fept planches de petite dimenfion, dont il avoit fait les deffins, & qui repréfentoient plufieurs villes importantes de la Normandie : 1. CAEN; 2. CHERBOURG; 3. DIEPPE; 4. GRAVILLE; 5. LE HAVRE; 6. HONFLEUR; 7. PONT-DE-L'ARCHE. Merian les inféroit dans la huitième partie de fon grand ouvrage fur la *Topographie de la France*, publié à Francfort, avec un texte allemand ou latin (1). Chacune de ces pièces, d'une

---

(1) *M. Z. Topographia Galliæ, five defcriptionis & delimitationis famofiffimorum locorum in potentiffimo regno Gal-*

grande fineffe d'exécution, eft accompagnée de légendes explicatives françoifes avec cette infcription : *Jacques Gombouſt ingénieur du Roy delineavit.*

Il eft probable que Gombouft obtint la faveur de préfenter lui-même le premier exemplaire gravé du plan de Paris au jeune roi Louis XIV. On lit dans la *Gazette de France,* à la date du 12 mars 1653 :

« Comme le génie du Roy eft univerfel, & qu'il s'entend parfaitement à toutes les belles chofes qui font la meilleure partie de ses nobles divertiffements; ces jours paffez l'on préfenta à Sa Majefté un plan avec la defcription de la ville de Paris & de fes fauxbourgs, lequel, après un travail de plufieurs années, a efté enfin donné au public par le fieur Gombouft, ingénieur de Sa dicte Majefté, qui s'eft employé à cet ouvrage avec tant de foins & d'exactitude que non-feulement toutes les rues, mais auffi toutes les églifes & maifons plus remarquables y font repréfentées en leurs juftes dimenfions; de forte qu'en un efpace de cinq ou fix pieds en quarré, on peut voir

---

liæ. Pars VIII : ducatus & provincias Normandiæ, principaliora ac notiora oppida & loca completens. Francofurti, apud Casparum Merianum, &c., &c. 1657, in-fol.

& parcourir à fon aife cette vafte & célèbre ville juftement appelée la merveille & l'abrégé de l'univers. » (P. 362.)

L'exemplaire préfenté au roi étoit fans doute affemblé, collé fur toile, & peut-être bien colorié. On trouve à la Bibliothèque impériale un plan de Gombouft dans cet état que je fuppofe être celui de dédicace ; voici pourquoi : au-deffus des armes royales (fur les feuilles IV & VII), au lieu de l'avis dans lequel Gombouft fignale plufieurs fautes commifes par fes devanciers, on lit une dédicace au roi, ainfi conçue :

AU ROY :

Sire,

Voicy le Plan de voftre incomparable ville de Paris que j'ofe préfenter à Voftre Majefté. J'ay creu que cet ouvrage n'en eftoit pas tout à fait indigne, et que repréfentant fidellement la première ville du plus floriffant royaume de toute la terre, il pourroit eftre favorablement reçeu de son Roy, qu'on reconnoift le Premier & le plus Puiffant Roy de tout le monde. Les autres plans de cette mefme ville qui ont paru jufqu'à préfent ont efté méprifez, comme faux entièrement, ou du moins fans mefures

& proportions; il y a sujet d'espérer que celuy-cy, estant faict selon les règles de géométrie, sera considéré non-seulement à cause des grands advantages qui s'en peuvent tirer pour le service mesme de V. M., mais aussi pour faire que dans les pays les plus esloignez ceux qui ont creu la réputation de Paris au-dessus de la vérité, admirent sa grandeur & sa beauté. C'est sans doute pour ces raisons que le deffunct Roy Louis le Juste, Estimateur des choses excellentes, avoit désiré ce Plan en l'estat auquel il est, & ces mesmes raisons me font encore présumer qu'il ne sera pas dés-agréé de V. M. et qu'elle ne désapprouvera pas le dessein que j'ay de faire les autres grandes villes de France de la mesme méthode. Celuy-cy seul est un travail de cinq années, mais je ne puis employer plus glorieusement toutes celles de ma vie qu'à me faire paroistre avec autant de respect que le doit,

   Sire,

     De Vostre Majesté,

      Le très-humble, très-fidel & très-
      obéissant serviteur & sujet,

      JACQUES GOMBOUST (1).

---

(1) Plan de Gombouft, affemblé & monté fur toile, à la Bibliothèque impériale, département des cartes & plans.

Tous ceux qui, depuis 1652, ont écrit fur la ville de Paris, antiquaires, hiftoriens, ou fimplement auteurs de defcriptions, de curiofités & de monuments, parlent du plan de Gombouft avec éloge, & s'en fervent comme d'un guide fidèle.

Sauval, qui travailloit à fes Antiquités de Paris (1) juftement à l'époque où ce plan fut mis en lumière, l'avoit fous les yeux. Il le cite à plufieurs reprifes dans fon difcours inachevé fur l'origine des rues de Paris.

Bonamy (membre de l'Académie des Infcriptions & Belles-Lettres, bibliothécaire & hiftoriographe de la ville de Paris) a publié, dans les Mémoires de l'Académie, différents travaux relatifs aux antiquités de la capitale. Dans une differtation fur l'hôtel de Soiffons (2), il donne un tracé d'après le plan de Gombouft, & en fignale l'exactitude & la rareté.

---

(1) *Hiftoire & Recherches des Antiquités de la ville de Paris*, par M. Henry Sauval, avocat au parlement de Paris. 1724, in-fol., 3 vol. Il ne faut pas oublier, toutes les fois que l'on confulte cet ouvrage, que l'auteur eft mort vers 1670, fans avoir eu le temps de l'achever; que c'eft le Paris de Louis XIII & de la Fronde dont il donne la defcription, & que les éditeurs ont publié cette œuvre incomplète avec une grande précipitation & peu de foins.

(2) *Mémoires de l'Académie des Infcriptions, &c.*, t. XXIII, p. 263.

Parmi les hiſtoriens, je nommerai Piganiol de La Force & Jaillot (1); l'un & l'autre ont connu & ſu mettre à profit les indications précieuſes qui ne ſe trouvent pas ailleurs; Jaillot ſurtout en avoit fait une étude approfondie, il le cite fréquemment & relève quelques erreurs. De nos jours le plan de Gombouſt, devenu d'une exceſſive rareté (2), a fixé l'attention de pluſieurs ſavants recommandables. Un de nos confrères, M. le comte de Laborde, en a inféré un fragment dans ſon ouvrage curieux & recherché ſur le palais Mazarin; il a démontré tout le parti qu'on pouvoit en tirer pour l'hiſtoire du vieux Paris (3).

---

(1) *Deſcription de la ville de Paris & de ſes environs.* Paris, 1765, in-12, 10 vol. — *Recherches critiques, hiſtoriques & topographiques ſur la ville de Paris, &c.* Paris, 1775, in-8°, 5 vol.

(2) On connoît ſept exemplaires du plan de Gombouſt : 1-2. deux à la Bibliothèque impériale, dont un exemplaire colorié avec le texte et une dédicace au roi; 3. un à la bibliothèque du Sénat; 4. un à la bibliothèque de l'Inſtitut, avec le texte; 5. un chez M. A. Bonnardot; 6. un chez feu A. Gilbert; 7. un à Londres, chez le duc d'Aumale. Cet exemplaire eſt celui de feu Walckenaer. A la vente de la bibliothèque de ce ſavant, en 1853, il a été payé un peu plus de 700 fr.

(3) *Le Palais Mazarin & les grandes habitations de ville & de campagne au dix-ſeptième ſiècle.* Paris, 1846, gr. in-8°. C'eſt

Le plan de Gombouſt, pris dans ſon enſemble, meſure en hauteur un mètre trente-
ſept centimètres, & en largeur un mètre qua-
rante-quatre centimètres; il ſe diviſe en neuf
feuilles, ſans y comprendre quelques feuilles
de texte qui ne ſont pas jointes à tous les
exemplaires. Les quatre coins sont remplis
par des gravures aſſez fines dont voici le ſujet : dans les coins du haut deux vues de
Paris, dont les cadres ſont en partie cachés
par la bordure du plan. Celle de gauche repréſente Paris vu de Montmartre, celle de
droite une perſpective générale des galeries
du Louvre. Dans les coins du bas, deux piédeſtaux : celui de gauche eſt ſurmonté des
armes de France, celui de droite des armes
du chancelier Séguier. Sur les piédeſtaux, on
compte ſept vues des maiſons royales, & cinq
différentes échelles de meſure. Au bas du
plan, deſſous le tore de chêne qui forme bor-

à M. de Laborde qu'eſt due l'initiative de l'entrepriſe,
enfin terminée, de la reproduction du plan de Gombouſt; il en a dirigé les détails pendant pluſieurs années. A lui ſurtout il appartenoit d'écrire cette notice;
déjà même il en avoit commencé la rédaction, quand les
hautes fonctions de garde général des Archives de l'Empire, auxquelles il a été appelé en 1858, l'ont contraint
d'y renoncer.

b

dure, on voit une fuite des châteaux particuliers les plus remarquables des environs
de Paris. Enfin, le texte hiftorique eft placé à
droite & à gauche du plan, dans toute la hauteur, & continue, dans la largeur, deffous les
châteaux des environs de Paris, où il fe di-
vife en dix compartiments (1). Trois avis,
adreffés par Gombouft à fes lecteurs, font
partie de l'enfemble, & occupent l'efpace
refté vide dans les faubourgs. Dans le haut
du plan & au milieu on lit fur un cartouche:
LUTECIA. PARIS.

Quand on jette le regard fur cet enfemble,
l'œil eft agréablement furpris de la netteté &
du fini d'exécution des objets qui s'y trouvent : non-feulement tous les ponts, toutes
les places, tous les monuments civils ou religieux, ainfi que les principaux hôtels particuliers, font repréfentés, mais on y voit
encore les portes, les barrières, les marchés,
les fontaines, les égouts, même les puits &
regards. Chacune de ces parties eft générale-
ment exacte, la place qu'elle occupe en rapport avec fon importance. Les monuments

---

(1) Quand le texte eft joint au plan, comme dans
l'exemplaire de la Bibliothèque impériale, la largeur eft
de 1 m. 84 c., la hauteur de 1 m. 49 c.

religieux ou civils font deffinés avec foin, dans des proportions minimes, à vrai dire, mais fuffifantes pour qu'il foit poffible d'en apprécier la valeur. Je fignalerai furtout un nombre infini d'églifes, de chapelles, d'abbayes, de couvents, d'hôtels & de maifons particulières qu'on trouve figurés fur ce plan, avec les jardins & les vaftes prairies qui les entouroient; car un des avantages de ce travail géométrique, c'eft de donner la phyfionomie de Paris en 1647, de cette capitale déjà grande, mais dont une partie notable fe compofoit d'enclos fans habitations.

Comment cette œuvre confidérable a-t-elle été mife à exécution? il eft difficile de réfoudre cette queftion fans hafarder quelque conjecture. Jacques Gombouft a fait toute la partie géométrique du travail; quant au profil des monuments, quant aux petits perfonnages qui fe voient en plufieurs endroits, quant aux châteaux des environs de Paris, placés en bordures & aux fleurons, il eft probable que, pour tous ces détails, il a eu des collaborateurs. Il a dû s'adreffer aux artiftes graveurs qui l'ont aidé à reproduire fon œuvre. Sur la huitième feuille, rue Saint-Honoré, entre Saint-Roch & le Palais-Royal, on voit un bâtiment d'affez belle apparence qui porte cette légende : *Hoſtel du Saint-Eſprit, demeure de l'auteur* (1). Or, cette adreſſe eſt la même que celle d'un aſſez grand nombre de pièces deſſinées & gravées par Abraham Boſſe. Cet artiſte éminent floriſſoit à Paris à l'époque où Gombouſt exécutoit ſon travail. Il eſt probable que l'ingénieur & le deſſinateur étoient logés enſemble, & qu'ils ont réuni leurs talents pour produire, en moins de cinq années, l'œuvre compliquée dont l'un d'eux avoit obtenu le privilège. M. Bonnardot, auteur d'une étude très-eſtimable ſur les anciens plans de la ville de Paris (2), ſuppoſe que d'autres artiſtes, tels que Cl. Goyrand, François Collignon, Iſraël Silveſtre, ont auſſi travaillé avec Gombouſt. Il ne donne aucune preuve à l'appui de ſa conjeĉture;

______

(1) Sur les deux exemplaires de la Bibliothèque impériale, ainſi que ſur l'exemplaire appartenant à M. Bonnardot, feuilles VII & IX, au-deſſous des échelles de meſure, on lit encore l'adreſſe ſuivante : *A Paris, rue Nᵉ St-Honoré, près St-Roch, à l'hoſtel du Saint-Esprit, & au Palais, en la galerie des Priſonniers.* Dans l'exemplaire de la bibliothèque de l'Inſtitut, qui a ſervi pour cette reproduĉtion, l'adreſſe n'eſt plus la même : *A Paris, rue de la Truenderie, près de St-Euſtache, chez M. de St-Amour, procureur au Châtelet. M. Heince le vend.*

(2) *Études archéologiques ſur les anciens plans de Paris des* XVIᵉ, XVIIᵉ *&* XVIIIᵉ *ſiècles.* Paris, 1851, in-4°.

feulement il croit reconnoître la manière ha-
bituelle de chacun de ces artiftes dans différentes parties du plan qu'il fignale. Suivant
lui, la vue de Paris, prife de Montmartre,
feuille I, feroit de Collignon auffi bien que
plufieurs vues de châteaux, des feuilles VII
& IX; les autres feroient de Goyrand ou d'If-
raël Silveftre. Cette conjecture ne me paroît
pas auffi bien juftifiée que celle de la colla-
boration d'Abraham Boffe; on confidère avec
raifon cet artifte comme le graveur du plan
de Gombouft.

J'ai dit précédemment que certaines indications données par le plan de Gombouft ne
fe retrouvoient pas dans les autres ouvrages
relatifs à la topographie de notre capitale.
Sans parler des hôtels & des maifons particulières qui ne font mentionnés que fur ce plan,
je fignalerai encore d'autres endroits dignes
de remarque.

Sur la feuille II, vieille rue du Temple,
entre les rues de la Perle & des Couftures-
Saint-Gervais, on voit un bâtiment oblong,
d'une affez grande importance, autour duquel on lit : *Comédiens du Marais*. Ces
comédiens s'étoient féparés de leurs confrères de l'hôtel de Bourgogne, & repré-
fentèrent une grande partie des pièces de

Corneille (1). Je ne connois pas d'autres indications de cet ancien théâtre. La même obſervation s'applique au théâtre de l'hôtel de Bourgogne, dont les bâtiments ſont repréſentés (feuille v) entre les rues *Françoiſe* & *Montorgueil.*

Sur la feuille III, derrière la manufacture de tapiſſeries des Gobelins, au bord de la petite rivière de Bièvre, on voit un aſſez grand eſpace protégé par un mùr, qui porte le nom de *Pré des Enfants;* un pont jeté ſur la Bièvre conduit dans cet enclos, qui a la forme d'un carré long : on voit des enfants ſe livrant au jeu; pluſieurs danſent en rond. Quel eſt ce *Pré des Enfants?* Je n'ai trouvé à cet égard aucun éclairciſſement dans les hiſtoriens de la ville de Paris.

Je ſignalerai encore le petit *Château Gaillard,* ſitué au bord de l'eau, à la descente du pont Neuf, à droite, au bout du quai de Nevers ou de Conti (feuille v); bien que trèslégèrement figuré, ce bâtiment a toutes les

---

(1) On peut lire quelques renſeignements curieux ſur le théâtre du Marais dans l'ouvrage de Chapuzeau : *le Théâtre françois, diviſé en trois livres, où il eſt traité de l'uſage de la comédie, des autheurs qui ſoutiennent le théâtre, de la conduite des comédiens, &c.* Paris, 1674, in-18. P. 189.

apparences d'une ancienne conſtruction avec tourelles (1).

Feuille v, rue des Aſſis (maintenant rue des Arcis), en face la petite rue de la Lanterne, je trouve l'indication ſuivante : *Bureau de l'Eſcritoire*. J'avois penſé que ce bureau, placé à deux pas de la rue des Écrivains, ſervoit de lieu d'aſſemblée aux membres de la corporation des écrivains, encore floriſſante

---

(1) Si Gombouſt a figuré légèrement le *château Gaillard*, c'eſt qu'il n'ignoroit pas que cette antique maſure alloit bientôt diſparoître. En effet, le 5 novembre 1655, le Bureau de la ville en ordonnoit la démolition : « Conſidéré, eſt-il dit dans l'arrêté, que la maiſon appelée le château Gaillard empeſchoit en quelle que façon l'ornement du dit quay, qui ne ſert d'ailleurs qu'à des divertiſſemens publiques, parmi les quels il s'y trouve quelques déſordres, &c. » En effet, c'eſt là que Brioché avoit établi ſon théâtre de marionnettes, & que le ſinge qui l'accompagnoit avait été tué par Cyrano de Bergerac. Le château Gaillard eſt repréſenté ſur les vues du pont Neuf dues aux crayons de Callot & de Della Bella. Claude Le Petit, dans ſon *Paris ridicule*, a conſacré toute une ſtance à cette antique maſure :

> J'apperçois là-bas ſur la rive
> Le beau petit château Gaillard ;
> Il faut bien qu'il en ait ſa part,
> Puiſqu'il eſt de la perſpective.
> A quoi ſers-tu dans ce bourbier?
> Eſt-ce d'abri, de colombier ;
> Eſt-ce de phare ou de lanterne,
> De quai, de port ou de ſoutien?
> Ma foi, ſi bien je te diſcerne,
> Je crois que tu ne ſers de rien.

à cette époque ; mais on trouve dans le Dictionnaire de Trévoux la note fuivante :
« Écritoire (bureau de l'). C'eſt ainſi qu'on
appelle le lieu où ſe tiennent les aſſemblées
des maîtres jurés charpentiers de la ville &
fauxbourgs de Paris. »

Sur la feuille VIII, entre les rues de Verneuil & de Bourbon (aujourd'hui rue de
Lille), on voit un hôtel aſſez vaſte avec jardins, déſigné ſeulement par ces mots : *Aydes
de Saint-Sulpice.*

Sur la même feuille, rue du Petit-Bourbon,
en face de l'hôtel encore debout de ce nom,
donnant ſur la place de l'égliſe Saint Germain
l'Auxerrois, ſe trouve un bâtiment d'aſſez
belle apparence, ayant deux corps de logis,
avec cette déſignation : *Grand Conſeil.* Enfin,
rue Dauphine (feuille V), à droite, en venant
du pont Neuf, avant d'arriver à la rue d'An-
jou, on voit un hôtel aſſez grand, à quatre
corps de logis placés carrément, avec un cin-
quième corps plus petit en arrière ; il eſt
nommé : *Hoſtel de la Curée* (1), ni les hiſtoires
de la ville de Paris, ni les deſcriptions, ni

____

(1) Ne ſeroit-ce pas l'hôtel de Gilbert Filbert de La
Curée, un des amis de Henri IV, celui que Tallemant
appelle un des dragons du roi de Navarre.

les dictionnaires, ni les guides ne parlent d'aucun de ces endroits.

On trouve dans les divers quartiers de la ville, mais principalement dans le faubourg Saint-Germain, plusieurs maisons désignées sous le nom d'*académies*. C'est le nom qu'on a donné pendant les deux derniers siècles à certains établissements où la jeune noblesse françoise & même étrangère venoit apprendre l'escrime, l'équitation & la danse. Il y avoit déjà longues années, en 1652, que la ville de Paris étoit renommée en Europe pour les maîtres de tout genre qu'on y trouvoit. C'é-toit aussi dans cette capitale qu'un gentilhomme devoit séjourner un certain espace de temps pour se former aux bonnes manières (1).

Les académies indiquées sur le plan de Gom-boust sont au nombre de six; plusieurs portent le nom de celui qui les tenoit. (Voir à la table, au mot ACADÉMIE.)

Je vais maintenant examiner séparément différentes parties du plan de Gomboust.

---

(1) On trouve des détails curieux à cet égard dans l'ou-vrage suivant : *Séjour de Paris, c'est-à-dire Instructions fidèles pour les voyageurs de condition, comment ils se doi-vent conduire s'ils veulent faire un bon usage de leur temps & argent durant leur séjour à Paris, &c., &c.;* par le sieur J. C. Nemeitz. Leide, 1727, in-12, 2 vol.

Les Rues — Le tracé des rues principales
eſt net & d'une grande exactitude; le ſoin qu'a
pris l'auteur de placer le nom dans le pointillé
qui ſert à indiquer les maiſons ordinaires faci-
lite les recherches. Il n'a rien omis : les croix,
les fontaines, les égouts, les regards, les puits
communs, tout eſt figuré. Deux exemples notables ſerviront de preuve à ſon exactitude.
Sur la feuille ii, rue du Roi-de-Sicile, au coin
de la rue des Juifs, on lit : Nostre-Dame
d'Argent. C'eſt l'indication d'une ſtatue de
la Vierge en argent, que François Ier vint
poſer lui-même en 1528, pour tenir lieu d'une
ſtatue de pierre qui ſe trouvoit là, & dont une
nuit la tête avoit été mutilée (1). Les hiſtoriens de Paris qui citent ce fait (2), diſent que
cette ſtatue étoit rue des Roſiers : ils ſe trom-

---

(1) Cet événement produiſit une grande ſenſation, &
donna lieu à pluſieurs cérémonies religieuſes. Félibien en
a publié la relation, t. II, p. 676-679 des preuves de
l'*Hiſtoire de Paris*, 3 vol. in-fol. Dans le *Moniteur univer-
ſel* du 1er décembre 1841, j'ai donné la notice d'un manuſcrit de la vente Crozet dans lequel ſe trouve une belle
miniature qui repréſente cette cérémonie. Ce manuſcrit,
qui contient un panégyrique latin de François Ier, appar-
tient à notre confrère M. Cigongne. Le même amateur
poſſède une relation imprimée, gothique, en vers françois, de cette cérémonie.

(2) Voir Jaillot, t. II, p. 124, quartier Saint-Antoine.

pent ; dans les actes, on dit qu'elle faifoit face au petit Saint-Antoine, & c'eft bien la place qu'elle occupe fur notre plan.

Feuille v, près de la rue Saint-Martin, au coin des rues Salle-au-Comte & aux Ours, on lit encore : Nostre-Dame de la Carolle. C'eft l'indication d'une autre ftatue de la Vierge, frappée d'un couteau par un foldat défefpéré d'avoir perdu au jeu fon argent & fes habits. Le fang jaillit miraculeufement de cette image de pierre ainfi profanée. Le fait eut lieu au mois de juillet 1418, fuivant une tradition ; fuivant une autre, ce fut plus tard. Il eft certain que le peuple en avoit gardé la mémoire. Dans l'édition du *Théâtre des Antiquitez de Paris*, de du Breul, publiée en 1639, on lit : « Au mefme lieu, tous les ans & à tel jour, on fait un feu pour fouvenance de ce miracle. Corrozet dit, au livre de fes *Antiquitez*, que ladite image eft encore au coin de ladite rue ; d'autres eftiment qu'elle fut portée à Saint-Martin des Champs ; tant y a qu'audit lieu fe voit encore une image de Noftre-Dame enfermée d'un treillis, auprès de laquelle, contre la paroy, le jour que fe fait ledit feu, l'on attache une tapifferie où eft repréfentée l'hiftoire fufdite. » (P. 794.)

Il ne faut pas être furpris du foin minutieux

avec lequel Gombouſt a indiqué l'endroit où
ſe trouvoient ces deux ſtatues. La ville de
Paris a toujours été placée ſous l'invocation
de la ſainte Vierge ; ſon égliſe cathédrale lui
eſt dédiée, & Philippe Auguſte avoit ordonné
que toutes les portes de l'enceinte dont il
entoura Paris fuſſent ſurmontées d'une ſtatue
de la Vierge. A cet égard, Sauval nous a con-
ſervé quelques détails qui ne manquent pas
d'intérêt : « Les portes, qui étoient couron-
nées d'une repréſentation de la Vierge, dit-il,
& bordées de deux tours, ne furent ruinées
que ſous François Ier ; ce qui eſt ſi vrai,
qu'en 1533, par ſa déclaration du mois d'avril,
il ordonna que les images de la Vierge qui
leur ſervoient d'ornement fuſſent conſervées
& dreſſées auprès dans les endroits les plus
remarquables.

« Corrozet aſſure les avoir toutes vues
en 1581 ; quant à moi, je n'en ai pu trouver
qu'une, qui eſt celle de la porte aux Peintres,
élevée ſur un pied d'eſtail contre une maiſon
de la rue Saint-Denys, qui fait le coin d'un
cul-de-ſac appelé la porte aux Peintres.

« Le propriétaire en a eu tant de ſoin,
qu'ayant rebâti ſa maiſon, pour marquer plus
de vénération, il a poſé cette figure ſur un
pied d'eſtail, l'a fait peindre & couronner

d'un dais, avec cette infcription en lettres d'or au bas : *Cette image étoit fur l'ancienne porte, qui fut abattue en 1535, & a été mife ici pour fervir de mémoire.*

« Elle eft de pierre, plus grande que nature, tient le petit Jéfus entre fes bras & le regarde amoureufement; &, après tout, elle ne paffe pas pour mal faite, quoique ancienne de plus de quatre cent foixante ans.

« On prétend que toutes les autres étoient de même ou en approchoient. Quant à celle qui fe voit à la rue Saint-Honoré, fur la porte de l'églife des Prêtres de l'Oratoire, elle couronnoit la porte Saint-Honoré; mais de cela on n'en a autre preuve ou certitude que la conformité qui fe rencontre entre elle & celle de la porte aux Peintres (1). »

Je trouve fur le plan de Gombouft certaines rues qui ne font pas indiquées ailleurs; par exemple, feuille v, rue Saint-Germain-l'Auxerrois, faifant face à la petite rue des Fufeaux, la rue SARTIN-PÈTRE, dont ne parlent ni de Chuyes (2), ni Jaillot, ni même de La Tynna,

____

(1) *Antiquités de la ville de Paris, &c.,* t. I, p. 31.

(2) *Le Guide de Paris, &c.,* par le fieur de Chuyes, Paris, fans date, petit in-8. A la fin du privilège, p. 239, on lit : « Achevé d'imprimer pour la première fois le 5ᵉ jour de juillet mil fix cent quarante-fept. » Ce petit

cet exact nomenclateur (1). Beaucoup de rues font défignées fous des noms dont l'orthographe a été de nos jours fingulièrement modifiée, telles que rues *des Affis*, pour des Arcis; *du Barq*, pour du Bac; *du Battoit*, pour du Battoir; *du Chaffe-Midy*, pour du Cherche-Midi; *de la Courderie*, pour de la Corderie; *des Efcrivons*, pour des Écrivains; *Garancé*, pour Garancière; *Perigeur*, pour Périgueux; *Pincour*, pour Popincourt; *Poitevinne*, pour des Poitevins, & quelques autres encore.

Feuille VIII, la rue *de l'Univerfité*, qui conduifoit alors dans une partie encore inhabitée du Pré-aux-Clercs, porte le nom de rue *de Sorbonne*. Sauval, dans fes recherches fur les rues de Paris (2), accufe Gombouft d'avoir commis une erreur; Piganiol de La Force &

---

volume, affez rare, m'a été d'autant plus utile qu'il date de la même époque que le plan de Gombouft. Dans fon avertiffement au lecteur, de Chuyes a inféré la phrafe fuivante : « J'ai encores meflé les culs-de-facs avec les rues, comme au genre féminin les filles font comprifes avec les femmes, d'autant que ces culs-de-facs, eftant percés, deviennent rues. » Un poffeffeur pudibond de l'exemplaire que j'ai fous les yeux a effacé cette phrafe avec de l'encre, ce qui me l'a fait remarquer.

(1) *Dictionnaire topographique, hiftorique & étymologique des rues de Paris, &c.* 2ᵉ édition, 1816, in-12.

(2) *Hiftoire & Recherches des Antiquités de Paris, &c.,* t. 1, p. 163.

Jaillot ont adopté la même opinion (1), &
cependant je lis dans *le Guide de Paris*, p. 136 :
« R. DE SORBONNE, au fauxbourg Saint-Germain, d'un bout à la rue Jacob & l'autre bout
à la grande rue du Barcq. » Ainſi, dans la première moitié du XVIIe ſiècle, la grande voie
qui conduiſoit dans le Pré-aux-Clercs, s'appe-
loit rue *de Sorbonne*. Sauval, Piganiol & Jaillot,
ont eu tort de ſignaler comme une erreur cette
indication du plan de Gombouſt; le plan de
Jouvin de Rochefort, publié en 1676, donne
auſſi le nom *de Sorbonne;* mais en 1694 elle étoit
connue ſous celui de rue de l'Univerſité (2).

---

(1) *Deſcription de la ville de Paris, &c.*, édition de 1765,
t. VIII, p. 168. — *Recherches ſur la ville de Paris, &c.*,
t. V, p. 81, quartier Saint-Germain.

(2) *Mémoire touchant la ſeigneurie du Pré-aux-Clercs,
appartenante à l'Univerſité de Paris, pour ſervir d'inſtruction
à ceux qui doivent entrer dans les charges de l'Univerſité.*
Paris, 1694, in-4, p. 55. A propos du grand hôtel de l'Univerſité, occupé maintenant par le reſtaurant Deſmares &
les magaſins de nouveautés du Petit-Saint-Thomas, on lit :
« Lequel fait l'encoignure de ladite rue de l'Univerſité &
de la rue du Bac. » Ce mémoire a pour auteur Edme
Pourchot, mort en 1734, à quatre-vingt-trois ans. Il fut
pluſieurs fois recteur de l'Univerſité. Une ſeconde édition
de ce mémoire, à laquelle ſont ajoutés des détails nombreux, pleins d'intérêt, a été donnée en 1737. M. Four-
nier a publié ce mémoire, mais ſeulement d'après la première édition, page 87 du tome IV des *Variétés hiſtoriques
& littéraires, &c.*, de la Bibliothèque elzévirienne.

2. Croix, Fontaines, Puits, Égouts & Regards. — En parlant de l'exactitude avec laquelle étoit reproduit le tracé des rues principales, j'ai dit que rien n'étoit omis, pas même les croix. En effet, elles font au nombre de dix-huit, fans y comprendre celles qui fe trouvoient dans l'enclos des communautés religieufes, ou des cimetières. Plufieurs rues, par le nom qu'elles portent, nous rappellent encore quelques-unes de ces croix qui toutes ont difparu.

Feuille i, il y en a deux : une au chemin de Belleville, près de la Courtille, une autre au milieu du carrefour formé par les rues du Carème-prenant & du Faubourg-du-Temple.

Feuille ii, on en voit une, rue Saint-Antoine, en face des Jéfuites, entre la fontaine & la barrière des Sergents.

Feuille iii, en haut de la rue Saint-Victor, la croix de *Clamar* eft encore debout, tandis que l'hôtel dont elle portoit le nom a déjà difparu.

Feuille iv, une croix eft placée dans la première partie de la rue du Faubourg-Saint-Denis ; une autre au fommet de la même rue, devant Saint-Lazare ; il y en a une troisième, rue du Faubourg-Saint-Martin, devant l'églife Saint-Laurent.

Je compte quatre croix fur la feuile v : à la place de Grève, devant Saint-Euftache, à la croix du Trahoir (appelé du Tiroir), rue de l'Arbre-Sec & rue des Petits-Champs, au coin de la rue du Bouloy.

Sur la feuille vi, quatre croix encore : la première eft placée fur le mur du couvent des Carmes, au coin des rues Caffette & de Vaugirard; la feconde, devant le portail de l'ancienne églife Saint-Sulpice. Les deux autres font rue du Faubourg-Saint-Jacques & rue des Poftes; l'appareil de l'Eftrapade eft figuré avec défignation, au milieu de la place de ce nom.

Sur la feuille viii, une feule croix eft placée au coin des jardins de la Ville-l'É-vêque.

Enfin, fur la feuille ix, la croix peinte en rouge, placée dès le xve fiècle au milieu du carrefour qui porte aujourd'hui le nom de *Croix-Rouge*, a déjà difparu; elle eft remplacée par un arbre & un regard.

Les fontaines indiquées font au nombre de vingt-huit (voir à la table alphabétique des matières, au mot *Fontaines*). Quant aux puits, ils étoient communs entre les habitants des rues, au milieu desquelles ils fe trouvoient, & ont fervi plufieurs fois à les défigner : rue *du*

d

Puits, rue *du Puits-de-la-ville*, rue *du Puits-qui-parle*, &c.

Feuille VI, au milieu du carrefour formé par les rues Saint-Jean-de-Beauvais, Saint-Jean-de-Latran, Fromantel & Chartière, on voit le *puits Certain*, ainsi nommé de Robert Certain, curé de Saint-Hilaire, qui l'avoit établi.

Feuille V, au bout de la rue de la Truanderie, le *puits d'Amour* est indiqué. Voici quelques détails de tradition que Sauval avoit recueillis sur cet endroit : « Il est certain que la rue du Puits-d'Amour a emprunté son nom d'un puits qui s'y voit encore & qui se nomme le puits d'Amour depuis bien longtemps, sans que j'en aye pu apprendre le sujet, quoiqu'on m'en ait raconté assez de fables & d'aventures amoureuses, prises apparemment dans les puits d'amour des anciens romans. Avec le temps son nom a passé à une maison proche de là ; & comme ce nom a semblé galant à un marchand qui la loue, il a fait repeindre l'enseigne & l'a rehaussée de couleurs fort vives ; & même afin de mieux représenter la fable, il y a figuré un puits tout entouré de belles filles & de jeunes garçons, avec un petit amour qui décoche des flèches sur eux, & ces paroles au bas : *Au Puits d'Amour*.... Du reste, le vrai puits d'amour qui a donné lieu à tout ceci, eft à la pointe d'un triangle couvert de maifons où aboutiffent la rue de la Truanderie & de la Petite-Truanderie, ou du Puits-d'Amour. J'y ai vu tirer de l'eau, il n'y a pas bien longtemps. Depuis cela je l'ai vu tari; préfentement il eft comblé & à demi ruiné; fa margelle ne tient plus : les voifins affez fouvent la trouvent dans la rue, que des gens de débauche, la nuit, ont jetée là. On y lit, en lettres mal gravées & gothiques :

> Amour m'a refait
> En 525 tout à fait.

On fe figure qu'il s'appelle le puits d'Amour, à caufe des fervantes qui faifoient là l'amour à leurs ferviteurs, fous prétexte de voir tirer de l'eau, & qu'il fervoit de rendez-vous à quantité de Samaritaines, à ce que prétend la chronique scandaleuse (1). „

3. PLACES, HALLES, FOIRES & MARCHÉS. — A l'époque où le plan de Gombouft fut dreffé, il n'y avoit à Paris que deux places vraiment dignes de ce nom, c'étoit la place Royale & la place Dauphine. Devant l'hôtel de ville & le grand Châtelet, devant l'entrée du Vieux-Palais, ou les portails des églifes principales,

---

(1) *Antiquités de la ville de Paris, &c.*, t. I, p. 183.

telles que Notre-Dame, Saint-Euftache, Saint-
Gervais, Saint-Germain l'Auxerrois, fe trouvoit, fans nul doute, un efpace vide plus ou
moins grand, mais affez irrégulier & nulle-
ment en rapport avec l'importance du monu-
ment. *Ces deux places* & les bâtiments qui les
entourent font indiqués avec un foin tout
particulier, principalement la place Royale.
On peut compter chacune des maifons qui en
occupaient les quatre côtés. Il eût été curieux
de connoître le nom de tous ceux qui les pof-
fédoient, quatre feulement font indiqués : au
midi, les hôtels de Rohan & de Saint-Géran;
au nord, les hôtels de Chaulnes & des Ha-
meaux. Aucun de ces noms ne figure parmi
ceux des perfonnages importants à qui le roi
Henri IV céda au mois d'août 1606 une por-
tion de terrain fur cette place. Les ceffion-
naires s'engageoient à conftruire une maifon,
d'après le modèle indiqué, moyennant la re-
devance d'un écu d'or, payable à la Saint-
Jean, à la recette du domaine de Paris.

Voici en quels termes étoient formulées ces
conceffions : « Vente par Me Pompone de
Bellièvre, chancelier de France, & haut &
puiffant feigneur Me Maximilien de Béthune,
chevalier feigneur, marquis de Rofny & ba-
ron de Sully, commiffaires à ce députez de

par le roy, à noble homme *Me Pierre Arnault*, conſeiller du roy & tréſorier de France à Paris, d'une place de huit toiſes de largeur & de ſeize de longueur, ſituée au marché aux choux, autrement appelé le parc des Tournelles, à la charge de payer par chacun an, à la recepte du domaine de Paris, au jour Saint-Jean-Baptiſte, un eſcu d'or de cens, portant lots & vente, à la coutume de Paris; & à la charge de faire baſtir, ſur la face de la place, un pavillon couvert d'ardoiſes, ayant arcades & une galerie au-deſſous, avec des boutiques ouvertes dans ladite galerie, la muraille dudit pavillon ſur ladite place eſtant de pierres de taille & de briques, ſelon le deſſein, & de rendre lediƈt logis habitable dans l'an 1606. Du 5 août 1605.

« Pareille vente à noble homme *Jean de Fourcy, ſeigneur de Cheſſy*, conſeiller du roy, tréſorier général de France, intendant des baſtiments du roy, d'une place audit lieu, de ſept toiſes deux pieds huit pouces de largeur, & trente-ſix toiſes de longueur, &c.

« Pareille vente audit lieu à *Barthélemy de Laffemas*, dit *Beauſſemblant*, controlleur général du commerce de France, d'une place contenant ſept toiſes de longueur.

« Item à noble homme *Me François Peliſſon*,

confeiller du roy & controlleur général du Taillon, à Soiffons, d'une place de fept toifes deux pieds huit pouces de largeur, & de trente-quatre toifes cinq pieds de longueur.

« Item à noble homme *Me Claude de Chaftillon*, topographe du roi, d'une place de fept toifes deux pieds huit pouces de largeur, & de trente-quatre toifes cinq pieds de longueur.

« Item à noble homme *Antoine Ribault, fieur de Bréau & de Foréts*, confeiller du roi, & intendant de fes finances, d'une place de fept toifes deux pieds huit pouces de largeur, & vingt toifes & demy de longueur.

« Item à *Me Nicolas d'Angennes*, chevalier des ordres, confeiller d'État, capitaine des cent gentilshommes du roy, *feigneur de Rambouillet*, d'une autre place de fept toifes deux pieds huit pouces de largeur, & vingt-quatre toifes de longueur, &c.

« Item à *Me Nicolas Chevalier, fieur de Videville*, confeiller d'Eftat & préfident des enqueftes de fa cour de parlement, d'une place contenant fept toifes deux pieds fept pouces de largeur, & vingt-cinq toifes de longueur.

« Item à *Pierre Fougeu*, écuyer, *feigneur d'Efcures*, confeiller du roy & intendant des Turfies & levées fur la rivière de Loire & du

Cher, d'une place contenant huit toiſes neuf pouces de largeur, & vingt-deux toiſes de longueur.

« Item à *M.ᵉ Pierre Jeannin*, conſeiller du roy, en ſon conſeil d'Eſtat & privé, audit lieu d'une place de ſept toiſes deux pieds huit pouces de largeur, & trente & une toiſes de longueur.

« Item à *M.ᵉ Eſtienne de Lafond*, intendant des meubles du roy, d'une place de ſept toiſes deux pieds huit pouces de largeur, & trente-trois toiſes de longueur.

« Item à nobles hommes *M.ᵉˢ Iſaac Arnauld*, conſeiller du roy, ſecrétaire de ſes finances, & *Hilaire L'Hoſte*, ſecrétaire du roy, d'une place contenant en un endroit de largeur vingt & une toiſes & en l'autre dix-ſept, & de lon-gueur quarante-ſept.

« Item à *M.ᵉ Noël Renouard*, ſecrétaire de la chambre du roy, d'une place de huit toiſes neuf pouces de largeur & vingt & une toiſes quatre pieds de longueur. » (*Anc. Chambre des Comptes*, reg. coté d. X, art. v.)

Ces premiers acquéreurs du terrain de la place Royale appartenoient preſque tous à la maiſon privée de Henri IV ; je trouve parmi eux des noms connus, tels que ceux de Jeannin, de Rambouillet, du topographe Chaſtillon.

Quelques années auparavant, en mars 1599, Henri IV avoit donné à Sully une autre partie des Tournelles (1). Sully y fit conftruire une vafte & belle habitation qui porta longtemps fon nom & qui eft figurée avec détails fur le plan de Gombouft, f. v, rue Saint-Antoine.

Notre plan indique avec un foin tout particulier les halles, les marchés & même les boucheries difperfées dans les différents quartiers de la ville.

Feuille v, on voit le détail des grandes halles, les places, les bâtiments de toute forme, les fameux piliers, le pilori, la fontaine & la croix, rien ne manque.

Feuille viii, un affemblage de plufieurs bâtiments fitué entre les rues du Bac & de Beaune, porte le nom de *halle du Pré-aux-Clercs*. Les hiftoriens de Paris ne donnent aucun détail fur l'origine de cette halle qui fut détruite en 1659, pour faire place à un hôtel de moufquetaires.

Je trouve l'indication de deux marchés aux

----

(1) « Don au fieur de Rofny de la place, démolitions & baftimens que feu Henri III avoit faict faire aux Tournelles, près la Coufture Ste-Catherine, à Paris, à la charge de fatiffaire aux charges & redebvances. » Vérifié *ut eft in arrefto* du 27 mars 1599. (Chambre des comptes, R. coté TT.)

chevaux, celui du famedi (feuille VIII), derrière l'hôtel de Vendôme, fur l'emplacement
des boulevards des Capucines & de la Made-
leine, celui des mercredis (feuille III), en
haut de la rue Saint-Victor, fur l'emplacement que ce même marché occupe aujour-
d'hui. Dans la partie haute on vendoit auffi
des cochons. Les champs à découvert & affez
vaftes de ce double marché, font remplis par
des chevaux, des voitures, des hommes allant
& venant de toutes parts, rendus avec beaucoup de fineffe. Les vaftes bâtiments de la
foire Saint-Germain font indiqués, feuilles V
& VI, avec une grande précifion. J'ai vaine-
ment cherché, fur la feuille I, entre les rues
des faubourgs Saint-Denis & Saint-Martin, la
foire Saint-Laurent. Cela tient fans doute à ce
que cette foire s'eft tenue à ciel découvert
jufqu'en 1662, dans un champ, auquel donnoit entrée une petite rue qui, fur notre plan,
porte le nom de ruette Saint-Laurent. Quant
aux boucheries, elles étoient au nombre de
feize ; j'en ai donné l'indication à la table ana-
lytique (au mot BOUCHERIES).

4. FAUBOURGS, COURS-LA-REINE, PRÉ-
AUX-CLERCS. — Les faubourgs qui environ-
noient Paris occupent une place importante fur
le plan de Gombouft. Les hôpitaux, les hos-

pices, les communautés religieuses, les jardins & les marais dont ces vastes espaces
étoient remplis, sont détaillés avec une mi-
nutieuse exactitude. Cependant le faubourg
Saint-Antoine n'a pas été reproduit dans toute
son étendue; l'auteur lui-même a eu soin d'en
prévenir par une note placée sur la feuille 1 :
*Notez qu'on n'a icy représenté que le commencement
du faubourg Saint-Anthoine, parce que pour le
mettre tout entier & dans sa grandeur, il eût fallu
faire cette carte d'une moitié justement plus haute
qu'elle n'est; & les costez fussent demeurés vuides,
y ayant autant de distance depuis le bout dudit
fauxbourg jusques audit commencement que d'iceluy jusques au pont au Change, qui est de neuf cents
toises. Il consiste en trois grandes rues de toute cette
longueur, croisées & traversées de plusieurs autres.
Dans celle du milieu, qui est la principale, plus
large & plus peuplée, il y a une fort grande &
ancienne abbaye de filles dont tout ce faubourg relève, & en a pris le nom. Il y a aussi dans la même
rue un séminaire de petits garçons, & dans les
autres & aux environs d'iceluy, quantité de couvents, & une église succursale nommée Sainte-
Marguerite, despendante de celle de Saint-Paul
dans la ville, outre un hospital pour les malades de
la pierre.*

Le même motif, c'est-à-dire le manque d'espace, décida Gombouſt à ne repréſenter au bas de la feuille VIII que l'entrée & le commencement du *Cours-la-Reine*, cette promenade ſi affeĉtionnée de la nobleſſe, depuis les premières années du XVIIe ſiècle. Afin de réparer cette omiſſion, Gombouſt a eu ſoin de placer dans un cadre, à côté de l'entrée du Cours, la note ſuivante : *Ce Cours, que la reine Marie de Médicis fit dreſſer, planter & foſſoyer, a de longueur quinze cent quarante pas communs, & de largeur quarante. Un rond au milieu de cent pas de diamètre, quatre rangées d'arbres, ormeaux, formant trois allées, dont celle du milieu a vingt pas de largeur & tous les arbres eſpacez de douze en douze pieds. A chaque bout un portail d'architeĉture & les portes de fer en baluſtres.* Ces allées étoient chaque jour de beau temps remplies de cavaliers, & des lourdes voitures attelées de quatre & ſix chevaux, qui déjà ſous la régence de Marie de Médicis commençoient à ſe multiplier. C'eſt là que Baſſompierre, étant dans le carroſſe de la reine, fit rencontre de ſon ancienne maîtreſſe, Marie d'Antragues (ſœur cadette de Henriette, la dernière favorite de Henri IV), qui l'avoit pourſuivi longtemps pour le forcer à l'épouſer, ſous le prétexte d'un enfant qu'ils avoient eu enſemble. L'affaire alla juſqu'au parlement, qui donna gain de caufe à Baffompierre. Les deux carroffes qui fe croifoient furent arrêtés quelques inftants l'un à côté de l'autre; & Marie de dire à fon ancien amant : « Baffompierre, vous êtes un fot. » Et Baffompierre de lui répondre : « Madame, il n'a pas tenu à vous que je le fuffe encore bien davantage. »

Le *Pré-aux-Clercs* eft indiqué fur la feuille VIII; mais ce terrain, quoique affez vafte encore, eft complétement dépouillé d'arbres : on n'y voit plus ces anciens ombrages qui, pendant plufieurs fiècles, en avoient fait la promenade favorite des bourgeois de Paris, & furtout de la jeuneffe des écoles. Le *petit Pré-aux-Clercs*, compris entre les rues de Seine & des Saints-Pères, eft entièrement couvert d'habitations particulières ; le grand Pré eft bien entamé déjà : les deux côtés de la rue du Bac font prefque tout à fait conftruits. Un demi-fiècle de plus, & le faubourg Saint-Germain, avec fes vaftes hôtels, aura couvert les anciennes prairies ; le quai d'Orfay aura remplacé la Grenouillère, & l'efplanade de l'hôtel des Invalides les chantiers de bois flotté qui font indiqués fur notre plan.

Le Pré-aux-Clercs a été pendant plufieurs fiècles le théâtre de fcènes auffi étranges que diverfes. Bien que, dans l'origine, les terrains qui en faifoient partie aient pu dépendre de l'abbaye Saint-Germain des Prés, il eft certain que, antérieurement au xiie fiècle, ces terrains avoient été concédés par les rois de France à l'Univerfité. Là venoient s'ébattre, chaque jour de fête, les écoliers nombreux que cette *fille aînée de nos rois* accueilloit dans fon fein. Ils s'y rendoient par un chemin qui longeoit les murs & les foffés de l'abbaye. Tout en reconnoiffant cette conceffion, les abbés de Saint-Germain prétendoient avoir confervé fur le Pré-aux-Clercs un droit de juridiction qui leur étoit vivement contefté par les recteurs de l'Univerfité; de là un de ces interminables procès que le parlement fut appelé à juger plufieurs fois. Ce n'eft pas tout : les écoliers audacieux & turbulents commirent des dégâts de toute nature; ils furent repouffés par les vaffaux de l'abbaye. Des rixes fanglantes eurent lieu à différentes reprifes: quelques écoliers, quelques ferviteurs de Saint-Germain des Prés y perdirent la vie. Enfin c'eft tout un drame qui mérite de trouver un hiftorien. L'Univerfité demeura maîtreffe du terrain en litige, ce fut elle qui l'aliéna; en 1660, il ne reftoit plus rien à vendre (1).

---

(1) Voyez, à ce fujet, la Differtation indiquée plus

A différentes époques, le Pré-aux-Clercs a encore fervi de lieu de réunion aux fauteurs de défordres ou bien aux partifans des nouveautés politiques & religieufes. En 1320, les Paftoureaux le choififfoient pour y prêcher leur doctrine, ce qui occafionnoit une violente émeute. En décembre 1357, Charles le Mauvais, roi de Navarre, y haranguoit les Parifiens, cherchant à juftifier les crimes qu'il avoit commis. Dès 1558, les partifans de la réforme fe réuniffoient au Pré-aux-Clercs pour y chanter les pfaumes de David, mis en françois par Clément Marot, & bien que le roi de Navarre & fa femme fuffent préfents, une rixe violente avoit lieu, fuivie d'arreftations nombreufes. Ces rixes fe renouvelèrent fouvent, fi bien que le roi faifoit occuper militairement le Pré-aux-Clercs, dans le but de les éviter (1).

---

haut (p. xxiii), fur la *feigneurie du Pré-aux-Clercs*. Voyez auffi à propos de la querelle de l'abbaye & de l'Univerfité un factum hiftorique de plus de fix cents pages : *Mémoires hiftoriques fur la propriété & feigneurie du Pré-aux-Clercs* (par du Boulay). Paris, 1675, in-4°.

(1) On lit dans un regiftre de l'hôtel de ville la mention fuivante :

DU MERCREDY XIIIe JOUR DE MAY 1561.

« Aujourd'huy a efté envoyé ung mandement au capi-

5. Portes & Barrières.— Les portes indiquées fur le plan de Gombouft font au nombre de vingt ; les unes étoient fituées à l'intérieur de la ville. Les autres aux extrémités. On peut voir à la table alphabétique des matières l'emplacement qu'elles occupoient (au mot Porte). Les hiftoriens de la ville de Paris ont donné fur ce point des détails nombreux ; j'y renvoie & je me contente de fignaler un travail publié récemment par M. A. Bonnardot, dans lequel on trouve tous les renfeignements défirables : *Differtations archéologiques fur les anciennes* ENCEINTES DE PARIS, SUIVIES DE RECHERCHES SUR LES PORTES FORTIFIÉES *qui dépendoient de ces enceintes, &c*. Paris, 1852, in-4°.

Le plan de Gombouft indique dans des quartiers différents & dans les endroits les plus habités, de petits bâtiments qui portent le nom de Barrières. Sur la feuille v feulement, on voit fix indications de ce genre ; il eft bon de favoir à quel ufage ces barrières étoient alors appropriées. La majeure partie occupée par des fergents du Châtelet fervoit

---

taine des foixante arbaleftriers de ladicte ville, pour envoyer vendredy & fabmedy vingt hommes en armes pour aller au Pré-aux-Clercs, comme les jours précédens, pour éviter aux féditions populaires. » (Reg. de l'hôtel de ville, H. 1784, fol. 93 r°)

de bureau de perception pour les droits d'entrée ; quelques-unes cependant, fituées au
cœur de la ville, marquoient les limites des
différentes circonfcriptions féodales qui exi-
ftoient dans Paris. En 1647, il y avoit encore certains tribunaux particuliers qui ju-
geoient en premier reffort de tous les crimes
& délits, les tribunaux de l'évêque de Paris,
& de l'abbé de Saint-Germain des Prés, par
exemple. Le P. du Breul, religieux de cette
abbaye, eft le feul des hiftoriens de Paris qui
donne quelques renfeignements fur ce point.
Dans fon *Théâtre des Antiquités* de cette ville,
il a publié la lifte de deux cents feigneurs qui
*prétendent les uns juftice & cenfive, les autres cen-
five feulement*. Je fignalerai la barrière placée
rue Saint-Honoré (feuille v), en face des rues
du Coq & Croix-des-Petits-Champs. Elle étoit
connue fous le nom de *barrière des Sergents*.
La Tynna, dans la feconde édition de fon *Dictionnaire des rues de Paris*, publiée en 1816, la
défigne ainfi, & fait obferver qu'il y avoit là
un corps de garde abattu feulement en 1805.
Une des maifons fituées en face la rue du
Coq (aujourd'hui rue Marengo), porte encore
une enfeigne des *Deux Sergents*, fouvenir un
peu confus de la barrière indiquée fur le plan
de Gombouft. ·

6. Monuments religieux, Églises, Chapelles, Couvents, Hôpitaux, Hospices, Cimetières.— Dans fon avis aux lecteurs (voir
feuillets vi & ix), Gombouſt dit que les monuments religieux & civils qu'il a repréſentés,
avec les enclos & jardins qui les entourent,
font au nombre de quatre cents. Les colléges
comptent dans ce chiffre pour quarante environ, les hôtels & les maiſons particulières
pour cent vingt-cinq, ce qui donne un peu
plus de deux cents maiſons religieuſes, qu'elles
foient égliſes ou chapelles, couvents, hôpitaux ou hoſpices. De tous ces monuments
religieux ou civils, plus de cent cinquante
ont été détruits; ceux qui reſtent debout
ont ſubi de tels changements, depuis 1652,
qu'il eſt encore très-curieux d'en avoir le
profil avec la poſition exacte. Pour s'en con-
vaincre, il suffit d'un regard jeté ſur le
palais & le jardin des Tuileries, ou bien ſur
ceux du Luxembourg. Feuille v, en face de
l'entrée principale du vieux Palais (le Palais
de juſtice aujourd'hui), on voit toutes ces
petites égliſes qui étoient ſans contredit les
plus anciennes de Paris : Saint-Barthélemy,
Saint-Pierre aux Liens (1), Saint-Éloy, Saint-

____

(1) Gombouſt eſt le ſeul qui déſigne ainſi cette églife;

f

Marcel, Saint-Germain le Vieil, Saint-Denis de la Chartre & quelques autres. Bien qu'elles foient reproduites dans des proportions très-petites, il eft facile de juger que toutes ces églifes étoient conftruites dans le ftyle roman primitif, c'eft-à-dire du vi^e au ixe fiècle. Trois chapelles ouvertes au public font parfaitement indiquées feuille iv : c'eft la chapelle Saint-Jofeph, tenant à un cimetière fitué rue Montmartre, fur l'emplacement du marché du même nom; feuille v, ce font les chapelles *de la Reine* & *de Sainte-Marie l'Égyptienne*. La première faifoit le coin des rues de Grenelle & Coquillière; on la nommoit ainfi parce qu'elle dépendoit de l'hôtel que la reine Catherine de Médicis avoit fait conftruire, & qui a été connu en dernier lieu fous le nom d'hôtel de Soiffons. Sauval a raconté en détail l'hiftoire de cette habitation célèbre; il n'a pas oublié la chapelle, qu'il cite comme la plus grande & la plus remarquable de tout Paris : « On y entre par un portail des plus élevés & des plus magnifiques; fon ordonnance a quelque chofe de grand & de royal; il eft couronné de deux clochers fufpendus

---

les hiftoriens de Paris la nomment ordinairement *Saint-Pierre des Arfis*.

en l'air fur deux trompes, & fut conduit par Guérin. Les curieux y confidèrent des feftons qui pendent aux deux côtés de la porte, que firent en concurrence Colin & Huguenin ; ceux qui s'y connoiffent ne les trouvent pas moins galants que bien fouillés, bien tournés & recherchés, & enfin les font paffer pour les chefs-d'œuvre de ces deux bons fculpteurs(1). » Quant à la chapelle Sainte-Marie l'Égyptienne, elle étoit fituée au coin de la rue Montmartre & de la rue de la *Juffienne*, nom altéré de cette fainte. La riche corporation des drapiers y avoit établi une confrérie.

Les hôpitaux & hofpices de quelque importance ont été reproduits, fur le plan de Gombouft, avec les cours, les jardins, les prairies qui en dépendoient. Feuille i, on voit *l'hôpital Saint-Louis*, dont l'entrée principale, rue des Récollets, fe trouve fur la feuille iv. Cette maifon, dont les jardins comprenoient une grande partie du faubourg du Temple & cette Courtille fi célèbre, eft figurée très en détail. Feuille ii, c'eft *l'hôpital de la Charité des femmes*, fitué rue des Tournelles, derrière la place Royale, en face le couvent des Minimes. Sur la feuille iii, je trouve *la Charité*,

***

(1) T. II, p. 217.

rue de l'Urfine ; l'*hôpital Scipion*, rue de la Barre, & *les Enfermez*, rue Saint-Victor, en face le labyrinthe du Jardin des plantes, au même endroit où fe trouve aujourd'hui l'hô-pital de la Pitié. La *léproferie Saint-Lazare*, avec fes bâtiments, fes cours, fes jardins, fa lapinière, & l'immenfe enclos qui en dépendoit, occupe une place notable fur la feuille iv. Feuille v, l'*Hôtel-Dieu*, dans la Cité, femble très-circonfcrit par les bâtiments nombreux qui l'entourent; mais la perfpective refferrée de cette partie du plan ne permettoit pas au deffinateur de donner plus de détails. Au bout de la rue de la Tifferanderie, un peu avant la porte Baudoyer, je fignalerai le petit *hôpital Saint-Gervais*, qui fe trouvoit à gauche de l'églife de ce nom. A l'entrée de la rue de la Mortellerie, prefque fur le quai de la Grève, on voit auffi le petit *hofpice des Haudriettes*. Sur la feuille vi, en haut de la rue des Vignes, eft l'*hôpital de la Santé*, rétabli alors nou-vellement par les foins d'Anne d'Autriche. Feuille viii, dans le faubourg Saint-Germain, le grand *hôpital de la Charité* avoit fon entrée rue des Saints-Pères, en face la rue Saint-Guillaume. Les dépendances de cet hôpital étoient plus étendues que de nos jours. Un cimetière affez vafte, avec une chapelle, occupoient tout le terrain entre l'Académie de médecine & la rue Taranne; aucune maifon particulière ne venoit interrompre l'enfemble de fes dépendances du côté de la rue des Saints-Pères; elles ne s'arrêtoient que rue Jacob, un peu plus haut que l'entrée actuelle de cet hôpital. Sur la feuille IX, je trouve quatre établiffements de charité : l'*hofpice des Petites-Maifons*, rue de Sèvres, & celui *des Incurables*, un peu plus haut, dans la même rue; l'*hôpital des Convalescents*, rue du Bac, & celui *des Teigneux*, rue de la Chèze. Bien que féparé *des Petites-Maifons* par un mur, l'hôpital des Teigneux faifoit partie de cet établiffement, qui fut pendant longues années principalement confacré aux aliénés. L'hofpice des Incurables eft celui qui avoit le plus d'importance; chaque bâtiment, chaque cour avec fon puits, tout eft nettement deffiné; dans le milieu, on diftingue la chapelle & le cimetière. Il eft bon d'obferver que la charité n'étoit pas reftreinte, à cette époque, au petit nombre d'établiffements que je viens de fignaler; dans les maifons religieufes, dans les collèges, il y avoit des infirmeries où bien fouvent les pauvres, les malades, même étrangers à la maifon, étoient fecourus. Quant à la charité privée exercée à domicile, les confréries religieufes établies foit par les corporations d'arts & de métiers, foit par les curés dans leurs paroiffes, remplaçoient les fociétés de bienfaifance, fi multipliées de nos jours.

Les cimetières indiqués fur le plan de Gombouft font au nombre de vingt-fix (1). Établis même au centre de la ville, prefque tous dé-

---

(1) Voici l'indication de l'emplacement de ces cimetières : Feuille I, 1. à l'hôpital Saint-Louis. Feuille II, 2. à l'églife Saint-Paul, rue Saint-Paul. Feuille IV, 3. cimetière Saint-Nicolas, rue Chappon ; 4. de la Trinité, rue Grenéta ; 5. à la chapelle Saint-Jofeph, rue Montmartre ; 6. à l'églife Saint-Sauveur, rue Saint-Sauveur ; 7. à l'églife Saint-Laurent, rue Saint-Martin ; 8. à la chapelle Bonne-Nouvelle, rue Beauregard. Feuille V, 9. grand cimetière Saint-Innocent, rue Saint-Denis ; 10. Saint-Jean, derrière l'hôtel de ville ; 11. Saint-André, rue du Cimetière-Saint-André ; 12. à Saint-Séverin, rue de la Parcheminerie ; 13. 14. cimetière du marché Saint-Jean & en face le cimetière Vert, au bout de la rue de la Verrerie. Feuille VI, 15. à Saint-Étienne du Mont, en face de l'abbaye de Sainte-Geneviève ; 16. à Saint-Benoift, derrière le collége de Cambray, rue du Cimetière-Saint-Benoift ; 17. à Saint-Sulpice, derrière l'églife, rue Garancé (ou Garancière) ; 18. à Saint-Magloire, derrière l'églife, rue du Faubourg-Saint-Jacques ; 19. les Chartreux, dans la grande cour ; 20. les Capucins, derrière l'églife. Feuille VIII, 21. à Saint-Roch, derrière l'églife, rue Saint-Roch ; 22. aux Quinze-Vingts, derrière le jardin de l'hôtel de Rambouillet ; 23. à l'églife des Capucins, rue St-Honoré ; 24. Cimetière des prétendus Réformez, rue des Saints-Pères, en face la Charité. Feuille IX, 25. à l'hofpice des Petites-Maifons ; 26. à l'hofpice des Incurables.

pendent d'une églife, d'une maifon religieufe, d'un hôpital ou d'un hofpice. Je fignalerai cependant quelques exceptions : ainfi le plus vafte & le plus célèbre, le grand *cimetière Saint-Innocent*. Il étoit deftiné à recevoir les morts de vingt églifes, principalement des églifes de la Cité, & même ceux de l'Hôtel-Dieu. Les curiofités de ce cimetière font indiquées avec foin (voir feuille IV); les chapelles des Saints-Innocents & d'Orgemont, les charniers, plufieurs tombes remarquables, &, dans le milieu, cette petite tour octogone qui a tant exercé la patience des érudits, fans que l'ufage en puiffe être parfaitement expliqué, rien n'y manque.

Je fignalerai encore, fur la feuille VIII, rue des Saints-Pères, en face l'hôpital de la Charité, un peu avant la rue Saint-Guillaume, un efpace affez vafte, clos de murs, dans lequel on lit : *cimetière des prétendus Réformez*. Piganiol de La Force parle de ce cimetière & du tombeau de marbre élevé en 1602, à un membre de la famille des *Arnaud*, Claude, frère d'Antoine, avocat au parlement & procureur général de Catherine de Médicis; il raconte, d'après le *Journal de L'Étoile*, qu'on fut contraint de recouvrir de plâtre cette fépulture, parce que la populace, *envieufe de tels monuments*, menaçoit de le détruire (1). Ce cimetière des proteſtants avoit été ſans doute établi dans cette partie de l'ancien Pré-aux-Clercs depuis 1572, peut-être même à l'occaſion du maſſacre de la Saint-Barthélemy, dont un des plus ſanglants épiſodes eut lieu dans cet endroit.

7. MONUMENTS CIVILS, COLLÈGES, HÔTELS ET MAISONS REMARQUABLES, PALAIS. — Les collèges, encore nombreux en 1647, ſont indiqués avec ſoin ſur notre plan. J'en ai compté cinquante-trois (2), dont à peine quatre ſont debout maintenant ; en-

---

(1) Piganiol de La Force, t. VIII, p. 287, édition de 1765.

(2) Voici le nom des collèges repréſentés ſur le plan de Gombouſt, & dont la ſituation eſt indiquée à la table des matières :

Collèges d'Arras, d'Authun, de l'Ave-Maria, de Bavière, de Bayeux, de Beauvais, de Boncours, des Bons-Enfants, de Bourgogne, de Chirurgie, de Clermont, Cluny, Collège Royal, Coquerel, de Cornuaille, Dainville, de Droit-Canon, des Eſcoſſois, des Fortray, de Grammont, des Graſſins, d'Harcourt, de Juſtice, de Laon, du cardinal Le Moyne, de Liſieux, des Lombards, de Maiſtre Gervais, de la Marche, du Mans, de la Mercy, de Marmoutiers, de Médecine, Mignon, de Montaigu, de Narbonne, de Navarre, de Normandie, de Picardie, de Rheims, de Richelieu, la Sorbonne, de Sées, du Pleſſis, de Saint-Symphorien, Sainte-Barbe, des Tréſoriers, de Tournay, de Saint-Michel, de Preſles, de Tours, de Prémontré.

core ont-ils fubi des modifications qui en changent complétement l'afpeƈt. A l'exception d'un des deux collèges des *Bons-Enfants*, qui fe trouvoit dans la rue de ce nom, en face les écuries du Palais-Royal (voyez feuille v), tous ces collèges étoient placés dans l'enceinte de l'Univerfité, dont il eft facile de fuivre la trace. Cette partie du travail de Gombouft mérite d'autant plus d'être fignalée que, dans l'iconographie parifienne, les planches qui repréfentent des collèges font en très-petit nombre.

Quant aux palais, hôtels & maifons remarquables, ils occupent fur le plan de Gombouft une place très-importante, & peuvent donner lieu à un grand nombre d'obfervations. C'eft après avoir dreffé la lifte de ces habitations particulières que j'ai vivement fenti le befoin d'un livre fpécialement compofé fur ce fujet. A la rigueur, on peut y fuppléer en confultant quelques anciens ouvrages; la majeure partie du fecond volume des *Antiquités de Paris*, de Sauval, eft confacrée à l'hiftoire des hôtels remarquables. L'intelligente aƈtivité de cet écrivain, les rapports qu'il entretenoit avec la fociété polie du xviie fiècle, les documents aujourd'hui perdus qu'il avoit fu fe procurer, donnent une grande valeur à fon travail inachevé malheureusement, comme le reste de son livre. Après l'ouvrage de Sauval, il faut consulter les différentes éditions de la *Description de Paris*, par Germain Brice, abbé au petit collet, professeur de langue françoise, qui fit état, de 1680 à 1727, de montrer les curiosités de la capitale aux étrangers de distinction. Les notices qu'il donne sur les hôtels & les maisons particulières, sur les collections de tableaux, d'objets d'art & les bibliothèques, qu'il visitoit chaque jour, font de son livre un trésor de renseignements inappréciable (1). *Piganiol de La Force* & *Jaillot* donnent aussi sur le même sujet des indications curieuses; Piganiol, principalement, ne manque jamais de décrire l'intérieur & l'ameublement des somptueuses demeures de Paris sous Louis XIV & la Régence. On peut encore consulter avec fruit ces livres publiés sous les titres de *Guides du voyageur à Paris*, d'*Itiné-*

---

(1) *Description nouvelle de ce qu'il y a de plus remarquable dans la ville de Paris*, par M. B***. Au Palais-Royal, 1684, in-12, 2 vol. Tel est le titre de la première édition. La seconde est de 1687, in-12, 2 vol., & porte le nom de Brice. D'autres éditions en deux, trois & quatre volumes, ont été publiées en 1698, 2 vol.; 1701, 2 vol.; 1706, 2 vol.; 1713, 3 vol.; 1717, 3 vol.; 1725, 4 vol.; après la mort de l'auteur, en 1752, 4 vol. Toutes ces éditions sont différentes les unes des autres & bonnes à consulter.

raires, *Curiofités*, *Tableaux*. Aujourd'hui l'attention des travailleurs eft dirigée vers ce point. Quelques-unes de ces habitations remarquables ont donné lieu à plufieurs monographies intéreffantes : je citerai les hôtels de *Carnavalet*, de *la Trémouille*, des *premiers Préfidents*, de *Laffay*, de *Mazarin*. Il refte encore à faire un travail d'enfemble, tenté plufieurs fois fans fuccès, travail long, difficile, mais dont l'importance eft réelle.

J'ai compté fur le plan de Gombouft environ cent vingt-quatre hôtels ou maifons particulières (1). La majeure partie de ces habi-

---

(1) Voici le nom de chacun de ces hôtels, dont la fituation eft indiquée à la table alphabétique du plan :
Les hôtels des Ambaffadeurs extraordinaires, d'Angoulême, d'Aftry, d'Aubray, d'Aumont, de Bailleul, de La Bafinière, Beautru, de Bellièvre, Bordier, Boucot, de Bouillon, du Petit-Bourbon, de Bourdeaux, de Bourgogne, Bretonvilliers, de Brienne, Carnavalet, de Caumartin, de la Charité Saint-Denis, Charron, Chafteauneuf, de Chaulnes, de Chavigny, de Chevreufe, de Choify, de Clèves, de Cluny, de Condé, de Créqui, de la Curée, Dau, Denifon, Defdiguières, d'Effiat, d'Efpernon, Effelin, d'Eftrée, Falconis, de Fontenay-Mareuil, de La Force, Fouquet, Gallard, Gervais, Girard, de Guenegaud, de Guife, du Hallier, du Hameau, d'Hémery, d'Hervalt, de L'Hofpital, Jamin, Lambert, Le Cocq, Le Cogneux, Le Fèvre, Le Tellier, Le Vaffeur, Le Vieulx, de Liancourt, de Longueville, de Longueuil, de Lorraine, du Lude, de Luines, de Lyon, du Maine, de Mauroy, Meillant, Mélu-

tations eft déjà connue; on trouve à ce fujet des détails affez amples dans les ouvrages que je viens de fignaler. Cependant plufieurs de ces habitations ont échappé aux recherches; Gombouft eft le feul qui les faffe connoître (1). Ceux qui les ont poffédées n'ayant eu qu'une célébrité paffagère, due principalement à des fortunes rapides dans la finance, il eft difficile de donner à cet égard des renfeignements complets & de combler toutes les lacunes. Le hafard y peut aider quelquefois; je citerai dans l'île Saint-Louis, fur le quai Dauphin (aujourd'hui quai de Béthune), la maifon de

-----

fine, de Mefine, de Monchenay, de Montmor, de Montmorency, de Nemours, de Nefmond, de Nicolaï, de Novion, des Noyers, d'O, Petit, Piètre, de Pifieux, de Rambouillet, Regnard, de Retz, de Richelieu, de la Rocheguyon, de Rohan, de Roftang, de Royaumont, Saint-Chamond, Saint-Denis, du Saint-Efprit, Saint-Ferron, de Saint-Géran, de Schomberg, Séguier, de Senectère, de Sens, de la Serpente, Sintot, de Soiffons, de Sourdy, de Souvray, de Sully, Tambonneau, Tevenin, Tidoux, de Trefmes, Tubœuf, des Urfins, de Vandofme, Varin, de Venife, de La Vieuville, Vildeau, de Villequier, de Villeroy, de Vitry, de La Vrillière.

(1) Voici les principaux : hôtels d'Aubray, de Bellièvre, de Bourdeaux, de la Curée, Charron, Caumartin, Falconis, du Hallier, du Hameau, Le Cocq, Le Vaffeur, Le Vieux, de Lyon, Le Fèvre, Meillant, Montchenay, Pizieux, Petit, la Serpente, du Saint-Efprit, Saint-Ferron, Tevenin, Tidoux, Varin.

M. d'Aftry (1). Je trouve dans une lettre de Guy Patin du 12 janvier 1661 : « Hier au foir mourut dans l'île Notre-Dame un grand partifan nommé M. d'Aftry : il mourut fubitement, âgé de foixante-douze ans; on dit qu'il venoit de la débauche : telle vie, telle fin (2). »

L'ancien hôtel de Luynes, fitué fur le quai des Auguftins (feuille v), porte auffi fur une de fes faces l'indication fuivante : *H. Dau.* Cet hôtel qui, du XIIIe au XIVe fiècle, appartenoit aux évêques de Chartres, enfuite au connétable de Sancerre, devint, en 1397, la propriété de Guérard d'Athies, archevêque de Befançon. Un maître des requêtes, nommé *Dauvet,* en étoit propriétaire, quand François Ier l'acheta & le fit reconftruire pour y loger fa maîtreffe, Anne de Piffeleu, ducheffe d'Étampes. Il étoit orné de peintures & rempli des devifes de cette dame. Au commencement du XVIIe fiècle, cet hôtel appartenoit à Pierre Séguier, troifième du nom, confeiller au parlement, feigneur de Sorel & comte d'O, qui mourut en 1638. Sa fille, Louife-Marie,

---

(1) Sauval, t. III, p. 13, &, d'après lui, G. Brice, ont parlé de l'efcalier de fer de cette maifon & du veftibule.

(2) *Lettres, &c.,* t. III, p. 309, édition de 1846, in-8°.

époufa, en 1641, Charles d'Albert, duc de Luynes & de Chevreufe, fils du fameux connétable favori de Louis XIII. Le vieux manoir des Sancerre, du maître des requêtes & de la duchefle d'Étampes, prit le nom d'*hôtel de Luynes;* mais la partie fituée fur la rue Gille-le-Cœur retint le nom d'hôtel d'O, que Gombouft a mal écrit *H. Dau.* Jaillot a confacré un article curieux à l'hiftoire de cet hôtel (1).

Pendant la nuit du 26 août 1648, au commencement de la fronde, le chancelier Séguier, pourfuivi par la populace ameutée, fut contraint de fe réfugier dans cet hôtel. Les mutins y pénétrèrent à main armée, avec effraction, & le maréchal de La Meilleraye eut beaucoup de peine à délivrer le magiftrat (2).

Les hiftoriens de la ville de Paris ont aufli parlé de l'hôtel de Nevers, dont le fecrétaire d'État de Guénégaud fit l'acquifition, & qu'il reftaura pour y demeurer. Gombouft, fur la feuille v, reproduit avec détails cette fomptueufe habitation. La principale entrée, fituée fur une petite place, étoit vis-à-vis la porte

---

(1) *Recherches*, t. V, quartier Saint-André des Arts, p. 37.

(2) Regiftres de l'hôtel de ville pendant la fronde, &c., t. I, p. 20.

de Nefle. Mais il indique de plus, feuille 11, rue des Francs-Bourgeois & rue Saint-Louis, deux maifons d'affez belle apparence qui portent le nom de *Guénégaud*, & dont je n'ai trouvé de trace nulle part ailleurs. Sur cette même feuille, rue de la Cerifaye, l'hôtel de Lefdiguières, conftruit à la fin du xvie fiècle, par Sébaftien Zamet, eft défigné fous le nom d'*hôtel Defdiguières*. Enfin, rue Saint-André des Arts, près de la porte de Buffy (feuille v), on voit le double bâtiment de l'*hôtel de Lyon* : celui qui donnoit fur la rue avoit été conftruit par Jean Grolier, tréforier des finances, ambaffadeur de François Ier à Rome, & le plus ardent des bibliophiles de fon temps. Dans cet hôtel a été confervé, jufqu'en 1566, cette bibliothèque fameufe dont chaque volume, payé au poids de l'or, fait l'ornement des cabinets modernes.

Les palais qui figurent fur le plan de Gombouft font au nombre de fix : le *vieux Palais*, dans la Cité, aujourd'hui Palais de Juftice; le *Louvre*, les *Tuileries*, le *Luxembourg*, ou *palais d'Orléans*; le *Temple*, le *Palais-Royal*, le *palais Mazarin*, aujourd'hui Bibliothèque impériale. Chacun de ces monuments eft repréfenté avec des proportions qui permettent d'en étudier toutes les parties. Cinq de ces monuments font

encore debout; mais combien les deux ſiècles
écoulés depuis que Gombouſt a relevé ſon
plan ont apporté de changement! Le vieux
Palais, par exemple, qui, avec la place Dauphine & le pont Neuf, occupe le centre de
la feuille v, ne reſſemble guère au Palais de
Juſtice tel que nous le voyons maintenant.
Au milieu de la cour d'honneur, on voit la
Sainte-Chapelle, dont les merveilles n'étoient
pas cachées comme elles le ſont beaucoup
trop aujourd'hui. L'œil plonge dans cette fameuſe cour de la Conciergerie, dans le jardin
joint à l'hôtel du premier préſident, & peut
meſurer l'étendue de ces galeries qui, depuis
pluſieurs ſiècles déjà, avoient tant de célébrité. De tous ces bâtiments d'époques & de
conſtructions ſi diverſes, que reſte-t-il debout
maintenant, ſi ce n'eſt la Sainte-Chapelle,
entièrement reſtaurée? Preſque rien. La tour
de l'Horloge, deux autres tours ſur la Seine,
la cour de la Conciergerie, &, intérieurement,
une ſeule des galeries, avec la ſalle des Pas-
Perdus, complétement dépouillée des orne-
ments qui faiſoient ſa ſplendeur.

Quant au Louvre & aux Tuileries, ces deux
palais, beaucoup moindres en étendue, ſépa-
rés d'ailleurs l'un de l'autre par pluſieurs rues,
de grandes habitations particulières & des jar-

dins, ne peuvent être comparés au vafte enfemble que nous avons maintenant fous les yeux. Cependant les plus belles parties de cet enfemble étoient déjà conftruites : ainfi le vieux Louvre, la grande galerie du bord de l'eau, la petite galerie tranfverfale, figurent fur notre plan, &, dans les Tuileries, les trois pavillons du centre, chefs-d'œuvre d'élégance fi juftement admirés. C'eft avec plaifir que les amateurs de nos antiquités nationales étudieront ces beautés primitives de l'ancienne demeure de nos rois, beautés dont la réputation étoit déjà grande dans toute l'Europe. Il eft à remarquer qu'au-deffous de la partie ancienne du palais des Tuileries on lit ces mots : *logement de Mademoifelle*. En effet, Louife d'Orléans, ducheffe de Montpenfier, connue dans notre hiftoire fous le nom de *la Grande Mademoiselle*, habita les Tuileries jufqu'au milieu de l'année 1652, où elle reçut brufquement l'ordre de quitter ce palais. Elle-même, dans la feconde partie de fes Mémoires, a raconté comment avoit eu lieu fon départ. Le cardinal triomphant lui joua ce mauvais tour; il n'ignoroit pas combien Mademoifelle fe plaifoit dans cette réfidence. Elle y demeura pendant la fronde, & dirigeoit de là fes intrigues. Sur la feuille VIII fe développe dans toute fon

b

étendue le jardin des Tuileries, tel qu'il étoit avant que Le Nôtre en eût complétement changé l'aspect & les dispositions en 1664; on y voit l'emplacement de la volière, du jardin de Regnard, de la garenne, de l'écho, décrit avec tant de soin par Sauval (1), & même les loges réservées aux bêtes féroces. On voit encore dans le milieu un bassin assez grand, de forme carrée, alimenté par un jet d'eau, dans lequel on aperçoit plusieurs canards. On sait que Colletet fut chargé par le cardinal de Richelieu de décrire les beautés du jardin des Tuileries : il y consacra tout un monologue, placé en tête de la comédie des *Tuileries*, par les cinq auteurs (Paris, 1638, in-4°); il n'oublia pas ce bassin, qui étoit connu sous le nom du *Carré d'eau*. Le cardinal se montra des plus satisfaits de l'œuvre de son poëte; les vers suivants le ravirent d'admiration :

> Au mesme temps j'ay veu sur le bord d'un ruisseau
> La cane s'humecter de la bourbe de l'eau,
> D'une voix enrouée & d'un battement d'aile
> Animer le canard qui languit auprès d'elle (2).

---

(1) *Histoire & Recherches, &c.*, t. II, p. 59.

(2) Au commencement du monologue, Colletet décrit encore le Carré d'eau en ces termes :

> Après avoir passé dans une grande allée
> D'aulnes & d'ypréaux artistement voilée,

Il donna cinquante piſtoles de ſa propre main à Colletet, en lui diſant que c’étoit ſeulement pour ces deux vers, qu’il avoit trouvés ſi beaux, & que le roi n’étoit pas aſſez riche pour payer le reſte. Pelliſſon, qui raconte cette anecdote, ajoute que le cardinal voulut perſuader au poëte de mettre *barbotter dans la bourbe de l’eau*, à la place de *s’humeŭer;* mais que celui-ci refuſa, donnant ainſi la preuve de ſon indépendance & de ſon goût (1).

De l’autre côté du palais des Tuileries, ſur l’emplacement de la cour intérieure aŭuelle de ce palais, on voit un jardin aſſez vaſte, qui porte le nom de *parterre de Mademoiſelle*. Tallemant des Réaux raconte une jolie anecdote au ſujet du jet d’eau placé dans ce parterre.

« Un jour, Mme de Rambouillet aperçut aſſez loin un grand jet d’eau qu’elle n’avoit point accoutumé de voir. Ce jet d’eau étoit dans le parterre du logement de Mademoiſelle. On avoit deſſein d’y faire un baſſin;

Le favorable ſort qui me guide en ces lieux
M’a fait d’un carré d’eau voir l’objet gratieux,
Où le chant des oyſeaux & le bruit des fontaines
Font un concert plus doux que celuy des ſireines.

(1) *Hiſtoire de l’Académie françoiſe*, par Pelliſſon & d’Olivet, avec une introduŭion, des éclairciſſements & notes, par M. Ch. L. Livet. Paris, 1858, 2 vol. in-8°, t. I, p. 84.

depuis on n'y penſa plus. Elle conſidéra qu'il n'y avoit pas ſi loin qu'on ne pût conduire cette eau facilement dans le jardin de l'hôtel de Rambouillet. Elle parla à Mme d'Aiguillon pour en avoir la décharge; car la fontaine de l'hôtel de Rambouillet n'a qu'un filet d'eau. Mme d'Aiguillon fut quelque temps ſans lui rendre réponſe, & Mme de Rambouillet lui envoya ce madrigal pour l'en faire reſſouvenir; car elle en a fait quelquefois de bien jolis :

> Orante, dont les ſoins obligent tout le monde,
> Gardez que le criſtal dont ſe forme cette onde,
> Qui dans le grand parterre a ſon trône établi,
> A la fin ne ſe perde au fleuve de l'oubli.

« Mais il ſe trouva que cette eau n'avoit été conduite là qu'afin de la conduire après au Palais-Cardinal; c'eſt-à-dire que, comme il la falloit faire paſſer par là auprès, il fut de la bienſéance d'en donner un peu à Mademoiſelle; mais la décharge étoit pour remplir le grand rond d'eau du Palais-Cardinal (1). »

Le palais d'Orléans, le jardin de Luxembourg, le couvent des Chartreux & le vaſte

____

(1) *Les Hiſtoriettes de Tallemant des Réaux, &c.*, troiſième édition, par MM. de Monmerqué & Paulin. Paris, 1854, in-8°, t. II, p. 500.

enclos qui l'environne, occupent un grand efpace compris dans la feuille vi. On peut très-bien juger furtout de la difpofition du jardin de Luxembourg, difpofition très-différente de celle qu'il a de nos jours. L'établiffement des Chartreux tout entier eft maintenant compris dans ce jardin. Je ne faurois trop recommander aux amateurs des antiquités parifiennes la vue d'enfemble du couvent des Chartreux : chaque cellule, avec le petit jardin qui en dépendoit, eft repréfentée avec le plus grand foin. J'en dirai autant des bâtiments du cloître, du cimetière, du verger, du labyrinthe, & d'une prairie affez vafte dans laquelle étoit un moulin à vent.

Enfin, je recommande auffi toutes ces petites vues des maifons royales & particulières des environs de Paris, placées au bas du plan. Sans parler des habitations détruites, telles que *Monceaux*, *Villers-Cotterets*, *Madrid*, je fignalerai la vue de Verfailles antérieur à Louis XIV, & furtout celle du double château de Saint-Germain, avec fes fix terraffes en amphithéâtre. La feule qui refte aujourd'hui, bien qu'elle ne donne pas l'idée de ce magnifique enfemble, fait encore l'admiration des vifiteurs.

Je ne veux pas terminer cette Notice fans

parler du Discours sur l'Histoire de la ville de Paris, joint à certains exemplaires du plan de Gombouft, & qui a été réimprimé plus loin, afin d'en faciliter la lecture. C'est un travail aussi curieux que bien écrit, qui renferme en peu de pages un assez grand nombre de renseignements utiles; l'auteur y donne une explication très-juste de l'origine de la ville de Paris, aussi bien que du nom qu'elle porte. Plusieurs de ses observations pourroient s'appliquer parfaitement au Paris de nos jours. Par exemple, ce qu'il dit à la page 11, sur les richesses mobilières accumulées dans cette ville, & à la page 18, sur le nombre toujours croissant des carrosses. Ne croiroit-on pas que les lignes suivantes (p. 12) ont été écrites par un de nos contemporains : « Il y a quantités de maisons à cinq & six étages, toutes pleines jusques aux thuilles de diverses familles & professions, qui ne se hantent non plus que des barbares, & qui ne sçavent mesme pas le nom les uns des autres, comme on ne sçait point d'un endroit à l'autre & des fauxbourgs à la ville ce qui se passe d'extraordinaire; & l'on est aussi bien inconneu & caché en changeant de quartier que si on changeoit de province. »

Pierre Petit, célèbre mathématicien du

règne de Louis XIII, intendant général des fortifications de France, a fans doute compofé ce difcours, qui n'eft figné que de fes deux initiales. Gombouft reconnoît avoir eu fon aide & fes confeils pour l'exécution du plan; fi Petit a gardé l'anonyme, c'eft qu'il a cenfuré fortement les gens de juftice, en parlant du Palais & de la falle des Pas-Perdus (voir p. 37). Pierre Petit, né à Montluçon, en 1598, fe rendit très-habile dans fon art; il étoit lié avec plufieurs favants de fon temps, avec Defcartes & Pafcal entre autres. Il eft auteur de plufieurs ouvrages de mathématique & de phyfique très-eftimés. On a encore de lui un curieux Difcours fur les remèdes qu'on pouvoit apporter aux inondations de la Seine dans Paris, en creufant un canal (1). P. Petit mourut le 20 août 1677.

Je dois encore quelques explications fur la manière dont j'ai compofé la table des matières jointe à cette Notice. J'ai claffé dans

---

(1) " Difcours fait en l'affemblée de l'hoftel de ville, tenue le 24 mai 1658, touchant les remèdes qu'on peut apporter aux inondations de la rivière de Seine. Donné au public par l'ordre de ladite affemblée, avec la carte néceffaire à l'éclairciffement d'iceluy, par le fieur Petit, confeiller du Roy, intendant des fortifications, &c. " Paris, 1658, in-4°.

l'ordre alphabétique le nom des rues & des monuments religieux & civils; quant aux *barrières*, aux *boucheries*, aux *cimetières*, aux *fontaines*, aux *marchés*, aux *places*, aux *ponts*, aux *portes*, je les ai réunis fous leur nom générique. J'ai mis au mot Saint, dans l'ordre alphabétique, toutes les églifes ou chapelles, toutes les maifons religieufes, tous les monuments, toutes les rues qui portent un nom patronomique. J'ai ajouté aux noms des rues les tenants & aboutiffants, afin de faciliter les recherches. J'ai reproduit l'orthographe du plan original, en indiquant les altérations les plus remarquables. Les chiffres romains fe rapportent aux neuf feuilles qui compofent l'enfemble du plan.

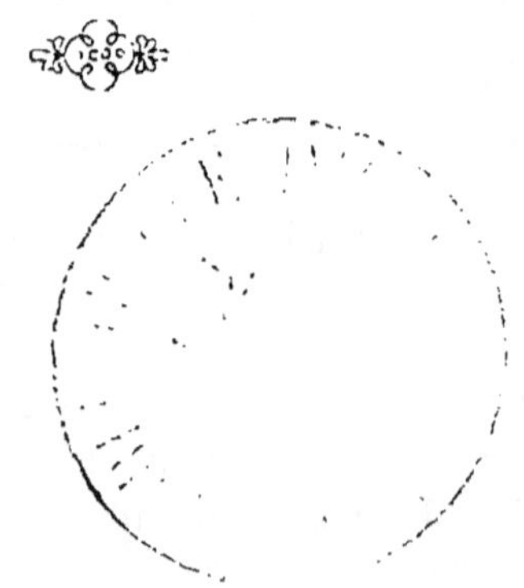

DE L'ANTIQUITE',

GRANDEUR, RICHESSES, GOUVERNEMENT, ETC.

DE LA VILLE

DE PARIS,

Par P. P.

—∞—

CETTE grande & fameuse ville dont voicy le plan & la représentation de ses principaux édifices, ne cede que d'ancienneté aux plus renommées du monde, que l'injure du temps, les guerres & les incendies ont espargné, pour nous en laisser la comparaison. Rome, Constantinople, Naples, Venize, Lisbonne, Londres, Vienne, Amsterdam, Anvers, & tout ce qu'il y a presentement de villes en l'Europe, luy cedent en grandeur, en richesses, en magnificences, en peuple, en excellence & diversité de toutes sortes d'arts & de sciences, de commerce & correspondance par toute la terre ; bref on la peut nommer la Reyne des villes, comme elle est la ville capitale d'un royaume autant relevé par dessus les autres, comme les roys le font par dessus leurs subjets, au dire du grand S. Grégoire : *Quanto cæteros homines regia dignitas antecedit, tanto cætera gentium regna regni Francici culmen excedit.*

Pour celles dont nous n'avons plus que quelques vestiges sur la terre, ou quelque description dans les livres, comme Ninive, Babylone, Tyr, Troye, le Caire, Corinthe, Cartage, Pequin, Nanquin & autres de l'Asie & de l'Affrique, nous ne les pouvons point comparer avec celle-cy pour ne nous estre pas bien connues, & peut-estre fabuleusement, ou du moins hyperboliquement descrites. Paris est donc sans contredit la plus belle et plus grande ville qui soit maintenant en l'Europe : sa situation est dans le huictiesme climat, sous 48 deg. 52 min. de latitude ou hauteur de pole septentrional, & sa longitude ou esloignement du premier méridien passant par les isles Canaries, est de 23 deg. 30 min. communément.

Son plus grand jour d'esté est de 16 heures, sans y comprendre les crépuscules, son plus petit de 8 en hyver. L'air y est fort doux & fort tempéré, sain au possible, nonobstant la puanteur des boües, la salleté des rues, & le nombre innombrable des pauvres & de menu peuple qui font tous logez les uns fur les autres. Il y fait néantmoins quelquesfois très chaud en efté, avec grefles & tonnerres, & auffi froid en hyver comme aux païs plus feptentrionaux, jufques à glacer toute la rivière. Les pluyes y font fréquentes & quelquesfois de fi longue durée (& dans les provinces voifines dont les rivières tombent dans la Seine) qu'il en arrive de grandes inondations, comme ès années 1649 & 1651, que les eaux couroient dans beaucoup de rues, & rempliffoient toutes les caves; ce qui ne provient pas tout à fait, comme quelques-uns croyent, du grand nombre des maifons, des ponts & des quais qu'on a bafty en ces derniers temps, qui ont eftraiffi le canal de la rivière, puifqu'il y a plus d'unze cents ans, fçavoir en l'an 522, qu'il arrivoit la mefme chofe, *Tantam inundationem Sequana Matronaque circa Parifios intulerunt, ut inter civitatem & bafilicam Sancti Laurentii naufragia sæpe contingerent. Greg. Tur. lib. 6. cap. 25.*

Au printemps & en automne le temps y eft fort ferain & fort beau, mais quelquesfois fi inégal qu'il fait froid, chaud, pluye & grefle en un mefme jour. Les eaux y font très bonnes, la campagne & les iffues très belles; tous les environs fertiles en bleds, vins excellens & fruicts admirables; ornez d'une fi grande quantité de belles maifons, qu'on diroit autant de palais de roys & de princes, parmy lefquelles on en repréfente icy quelques-unes : car le travail feroit infiny de les vouloir toutes defcrire, auffi bien que les autres avantages de cette ville, qu'on peut nommer UN PETIT MONDE.

Son étymologie eft certaine & facile, quoy qu'elle aye caufé des difputes & des controverfes entre les hiftoriens critiques, les uns voulans que Paris de Troye raviffeur d'Helene, en fut le fondateur & lui donna fon nom, comme Francion fils d'Hector auffi Troyen, furnomma les François, qui font fables & refveries tirées du faux Berofe que mit en lumière il y a environ 150 ans frère Jean Annius de Viterbe, que tous les fçavans ont convaincu d'impofture & l'ont rejetté, comme tous les ignorans l'ont fuivi dans leurs fauffes chronologies. D'autres ont penfé que Paris ou Parifis venoit du mot grec παρα & ισις, qui fignifie près le temple d'Ifis qu'on eftimoit eftre à S. Germain des Prez où l'idole de cette déeffe eftoit adorée. Mais laiffant toutes ces refveries, il eft certain que cette ville quittant fon ancien nom de *Lutetia* comme Cefar l'a nommée, ou de *Lucotetia* comme Strabon & Ptolomée, elle commença de prendre celuy de Paris des habitans de fon territoire nommez Parifiens, environ le 4ᵉ ou 5ᵉ fiecle, comme Rennes, Vannes, Poictiers, Xaintes, Beauvais, Angers, Sens, Tours, & plufieurs autres capitales de leurs provinces en portent auffi le nom.

De fçavoir maintenant d'où ces peuples

l'ont pris, & d'en aller chercher la racine dans la langue grecque & les fables, & dire que les Parifiens fe nommoient ainfi à caufe de Paris de Troye, ou du temple d'Ifis, ou de certains compagnons d'Hercules nommez Parrhafiens, ou de la conftance ou liberté de parler de ces peuples, c'eft à mon advis refver en veillant, auffi bien que de dire que Cefar l'appelloit Lutece à caufe de la boue, ou les Grecs Lucotece à caufe de la blancheur des habitans, ou des maifons : parce que vrayfemblablement ces autheurs appelloient ces peuples & leur ville du nom qu'elles avoient desja parmy eux, & par lequel on les connoiffoit, comme nous faifons celles des autres nations, fans leur en donner un tout nouveau & de noftre langue, nous fuffifant de l'appliquer à noftre dialecte & d'en corrompre tout au plus quelque fyllabe pour la prononciation. Il eft donc à croire que cette ville & le païs eftoient ainfi nommez des Gaulois ou approchant *Lutetia Parifiorum*, avant ces autheurs grecs & latins, & que c'eft chofe vaine de vouloir trouver l'origine de tous les mots dans ces deux langues, comme fi chaque peuple n'avoit pas eu la fienne avec laquelle il euft impofé les noms par deffein ou caprice à fes villes, cantons, rivières, & à tout ce qui luy eftoit particulier. Pour conclufion la ville a pris le nom du païs & des peuples, comme nous avons dit.

En fon commencement elle eftoit fort petite, & du temps de Jules Cefar ne contenoit que l'ifle du Palais, qu'on appelle encore la Cité, *Lutetia oppidum eft Parifiorum pofitum in infula fluminis Sequanæ, au livre 7 de fes Commentaires*. Depuis elle eft accreue de l'Univerfité qui eft au midy, & de la Ville qui eft au nord de la dite Cité, la rivière entre deux.

La Ville & la Cité font bafties & fituées dans une grande plaine, fans autre éminence voifine que d'une petite colline nommée Mont-Martre, à caufe des martyrs qu'on croit y avoir fouffert, ou du temple de Mars, jufques aux pieds de laquelle vont les maifons du faux-bourg nommé du mefme nom.

Et l'Univerfité eft baftie à l'oppofite, fur le penchant imperceptible d'une douce éminence, fur le haut de laquelle font les faux-bourgs S. Michel, S. Jacques, & S. Marcel, & au bas ceux de S. Germain & de S. Victor.

Dans toute cette grande eftendue de Ville, Cité & Univerfité, que quelques-uns à bon droict nomment un païs, il n'y a quafi aucune marque de grande antiquité, excepté le grand & le petit Chaftelet qui fervoient de forts & de portes à la Cité, au bout des ponts que l'on appelle maintenant Petit-Pont & Pont du Palais ou du Change; & l'hoftel de Cluny dans l'Univerfité, où logent à préfent les nonces du pape, lefquels édifices on croit avoir efté baftis par Julian empereur, environ

l'an 360, durant qu'il demeuroit à Paris, pré-
fage que cette villette qui ne contenoit qu'une
petite ifle, deviendroit quelque jour immenfe,
capitale d'un grand royaume, & le fiège des
premiers roys de la chreftienté, comme elle
eft à préfent.

Leur féjour continuel depuis que Clovis
premier roy chreftien, & le 5. roy de France
après Pharamond, y eut eftably fon empire
environ l'an 500, a efté la caufe de fon aug-
mentation, tous fes fucceffeurs ayans contribué quelque chofe pour fon accroiffement &
magnificence, auffi eftoient-ils fi jaloux de
cette demeure, que quand ce royaume eftoit
divifé entre plufieurs frères, Paris appartenoit
à l'aifné, & les autres n'y euffent ofé entrer
fans fa permiffion.

Elle a efté accreue par diverfes fois & fous
divers règnes. Avant celuy de Clovis elle ne
contenoit que la Cité comprife dans l'ifle &
quelques faux-bourgs au long de la rivière &
fur les advenues, le cofté du nord ou fepten-
trion, où eft maintenant la Ville, eftant en
forefts & marais, comme celuy du midy où eft
à préfent l'Univerfité, eftoit en vignes & maifons champeftres. Les diverfes églifes que les
roys y fondèrent, dont les premières eftoient
S. Germain l'Auxerrois, S. Germain des Prez,
S. Gervais, S. Mederic, Sainte Opportune,
S. Paul, S. Martin des Champs & autres,
accreurent le nombre des maifons, qui pour-

tant n'eſtoient réputées que les faux-bourgs de Paris, juſques au règne de Philippes Auguſte qui fit clorre la Ville de murailles & foſſez, environ l'an 1190, & l'Univerſité lors floriſſante l'an 1211, ſans qu'on abbatit pour cela les murailles de la Cité juſques en l'an 1251, du temps de S. Louïs; en ſuitte de laquelle cloſture de l'Univerſité qui ſubſiſte encores, ſe font faits les faux-bourgs S. Victor, S. Marcel, S. Jacques, S. Michel & S. Germain. Pour celle de la Ville, elle commençoit vis à vis la porte de Neſle, où il y avoit une tour ſemblable (dont il ne reſte qu'environ vingt pieds de hauteur) & le Louvre baſty de meſme temps, faiſant partie de la dite enceinte. Elle ſe ſervoit des foſſez de S. Germain de l'Auxerrois & paſſoit dans la rue S. Honoré, où il y avoit une porte, entre la Croix du Tiroir & la rue Tirechappe, de là vers S. Euſtache où eſtoit la porte Coquillart en la rue du Jour, au bout de laquelle & dans la rue Mont-Martre eſtoit la porte de ce nom; de là par la rue Mont-Orgueil où eſtoit la porte de Bourgongne : de là par l'hoſtel de Bourgongne en la rue S. Denys où eſtoit la porte aux Peintres, près S. Jacques de l'Hoſpital : de là à la rue S. Martin, où eſtoit la porte de ce nom, au coin de la rue Grenier S. Ladre : de là par la rue Beaubourg, où il y avoit encores une porte : de là à la rue S. Avoye où eſtoit la porte de ce nom, entre l'Eſchelle du Temple

& la rue de Braque, où eſtoit auſſi une porte
de meſme nom, dans la rue du Chaume, laiſ-
ſant dehors la chappelle de Braque maintenant
la Mercy : de là par la rue des Blancs-Manteaux, par celle de Sainte Croix de la Bretonnerie ; & par les Billettes à une grande tour
quarrée qui eſt encores dans la maiſon de
M. Barentin : de là à la porte Baudets ou
Baudel, à l'entrée de la rue S. Antoine ; & de
là à la rivière, renfermant S. Gervais dans
cette premiere cloſture, laquelle fut agrandie
depuis, & vray-ſemblablement par Charles V,
dit le Sage, qui mourut l'an 1380 ; & menée
de la dite porte de Braque dans la vieille rue
du Temple, où fut faite la porte Barbette,
près la rue de ce nom : de là à la rue S. Antoine près la Couſture, Culture, ou Cloſture
Sainte Catherine du Val des Echoliers, où fut
transférée la dite porte Baudets : de là par la
maiſon à préſent profeſſe des Jeſuites, où eſt
encores une vieille tour, & par l'Ave Maria,
dit pour lors les Beguines à la porte de ce
nom, autrement des Barrez, au bord de la
rivière, vis à vis la Tournelle ou porte S. Ber-
nard.

La Ville ayant eſté ainſi cloſe de murs &
foſſez, on ne laiſſa pas de faire tant de rues &
de maiſons aux faux-bourgs d'icelle, au devant
de toutes les portes, que cela donna lieu de
l'agrandir encores juſques où nous la voyons
à préſent, au baſtion de l'Arſenal, à la porte

S. Anthoine, à celle du Temple, à celle de
S. Martin, à celle de S. Denys, dont les murs
& foſſez venoient en ligne droite, à la vieille
porte Mont-Martre, à l'endroit de l'eſgouſt,
& de là à la vieille porte S. Honoré, où eſt
maintenant la Boucherie; & finalement le long
des foſſez du parterre des Thuilleries juſques
à la tour ou porte Neufve, fur le bord de la
rivière. A tous leſquels ouvrages de murs &
de foſſez François premier ſemble avoir le
plus contribué; mais comme la reyne Catherine de Medicis eut pris deſſein de faire un
palais ſuperbe & royal, hors la dite enceinte
qu'elle commença l'an 1564, dont la majeſté
nous paroiſt par ce qui en reſte encores, &
qu'on appelle le logis de Mademoiſelle, elle
en voulut enclorre le parc ou jardin, nommé
les Thuilleries, & le faux-bourg S. Honoré
par des murs & baſtions qu'elle fonda près la
rivière l'an 1566 : & qui furent continuez par
Henry III juſques auprès de la nouvelle porte
S. Honoré; & finalement recommencez ſous
Louis XIII, l'an 1633, par les grands deſſeins
& conſeils du cardinal de Richelieu, comme
ils ſont repréſentez dans cette carte, avec les
portes neufves & magnifiques de la Conférence, de S. Honoré, de Richelieu, de Mont-
Martre & de Mont-Orgueil. Ainſi s'eſt aug-
mentée en divers temps, & ſous divers roys
cette grande & fameuſe ville, à la décoration
de laquelle Henry IV & Louis XIII ſemblent

avoir le plus contribué, le premier ayant fait baftir le marais du Temple, la place Royale, l'hofpital S. Louïs, les galeries du Louvre, la place & la rue Dauphine, & autres ouvrages publics; & celuy-cy fon fucceffeur toute cette clofture & ville-neufve, l'ifle entière de Noftre-Dame, les portes, rues & grands hoftels qu'on a faits de fon temps, en divers endroits de la Ville, de l'Ifle, & dans les faux-bourgs S. Germain, en telle forte que ce font autant de palais où les plus grands princes du monde pourroient eftre logez commodément & magnifiquement.

Pour fa richeffe elle eft ineftimable, eftant certain qu'il y a plus de vaiffelle d'or & d'argent, de tapifferies, meubles précieux, pierreries, marchandifes, chevaux, carroffes, or & argent monnoyé, bibliothèques, cabinets de curiofitez, peintures, fculptures, & autres raretez, qu'aux trois meilleures villes de l'Europe.

Le nombre des fçavants en toutes fortes de langues & de fciences y eft plus grand qu'en nulle autre part du monde, auffi bien que celuy des collèges & des profeffeurs.

Il y a un fi grand nombre d'excellents ouvriers en toutes fortes d'arts & manufactures, que cette ville fournit prefqu'à toutes les cours des roys & des princes, & aux meilleures villes de la terre, la plufpart des galenteries, dont les dames & les courtifans fe parent, outre les rares estoffes de laine & de foye, surtout de l'escarlatte qui s'y fait la plus belle & en la plus grande quantité du monde.

Les mœurs & les inclinations des vrais Parisiens font bonnes & dociles, sans aucuns grands vices. Ils ayment le travail, la nouveauté des chofes, les changemens des modes d'habits & mefme d'affaires; fort pieux, crédules & point yvrongnes; courtois, civils aux estrangers & inconnus, faciles à leur prester, quoy qu'ils en foient souvent trompez, & que leur intereft particulier les guide presque en toutes leurs actions. Bref on peut dire qu'il y a beaucoup plus de vertus que de vices parmy fes habitans, et que les meurtres qui s'y commettent journellement, les volleries qui s'y font toutes les nuits, les defordres, les infolences, les blafphèmes, les tromperies, & tout ce que la licence peut permettre, fe fait par le grand nombre de foldats, voleurs, estrangers, & de petit peuple, qui s'y viennent rendre pour y fervir ou porter les armes & gagner leur vie, ce qui rend cette ville tellement peuplée la plufpart s'y marians par après, qu'il y a quantité de maifons à cinq & fix eftages toutes pleines jufques aux thuilles de diverfes familles & profeffions, qui ne fe hantent non plus que des barbares, & qui ne fçavent mefme pas les noms les uns des autres, comme on ne fçait point d'un endroit à l'autre, & des fauxbourgs à la ville ce qui fe paffe d'extraordinaire; & l'on est aussi bien inconneu & caché en changeant de quartier que si on changeoit de province.

Pour faire le desnombrement d'un si grand peuple il faudroit y apporter les mesmes soins qu'on apportoit autrefois à Rome en faisant les capitations, ce qui seroit fort difficile, la police n'estant pas si bien observée à Paris, quoy que les loix y soient aussi belles comme en l'ancienne Rome : mais pour approcher le plus qu'on peut de la vérité par les conjectures, voicy ce qu'on peut dire. Supposé qu'il y ait dans la ville & faux-bourgs de Paris 30 mille maisons grandes & petites (quoy que par le rolle des boues il n'y en ait qu'environ 20 mille) & que dans chaque maison, l'une portant l'autre, il y aye 30 personnes, ce sera neuf cens mil en tout, dont j'estime que les enfans & la jeunesse au-dessous de 15 à 16 ans font la moitié, les femmes le quart, & les hommes le reste. Autre conjecture : du temps de Louis XI, en l'an 1474, il s'en trouva 104 mille sous les armes devant des ambassadeurs d'Arragon, il s'en pourroit donc bien trouver à présent 200 mille, ce qu'on peut inférer par les colonelles qui font 16 dans la ville & faux-bourgs, & sous icelles 145 compagnies, dont les rolles font d'environ 50 mille hommes pour les gardes qui se font alternativement aux portes, quand les occasions le requièrent. Or il est certain qu'il y en a quatre fois davantage qui pourroient y aller & qui n'y vont point, fans comprendre les eccléfiafti- ques, religieux, vieillards & malades : & par- tant on peut dire qu'il y a dans Paris deux cens vingt ou trente mille hommes, autant de femmes, & le double d'enfans, qui font en tout près de neuf cens mil ames.

Je croyois pouvoir encore faire ce defnom- brement par la quantité des communians à Pafques en toutes les paroiffes, mais je l'ai trouvé auffi fujet à de grans mefcontes, que quand je l'ay voulu rechercher par la confom- mation des vivres, & mefmement du fel, dont la néceffité d'en ufer eft commune, & la cherté en empefche la diffipation, parce qu'ayant efté affeuré qu'il ne s'en confommoit par an dans la ville & faux-bourgs que 400 muids ou environ, chaque muids de 48 minots, chaque minot pefant 100 livres, qui font 19200 mi- nots, & que 12 perfonnes, l'une portant l'autre, en avoient affez d'un minot, tout cela ne fe monte pas au quart de 900,000. Ce qui me feroit affeurer pour fable que dans le grand Caire il y en ait fept millions, & dans Quin- zay ville de la Chine feize cens mille familles, & foupçonner d'erreur quelques nombres dans ces anciens autheurs, d'où pour exagérer la grandeur romaine on infère que du temps d'Augufte il y avoit plus de quatre millions d'habitans, je ne dis pas de citoyens romains, efpars dans l'empire, & dont le nombre du temps de Claude alloit à près de sept millions, mais je parle des vrais habitans & résidens à Rome, y compris les esclaves, dont tel particulier en avoit 400. Ce qui montre bien à la vérité la grandeur de cette ville, dont le circuit estoit de 22000 pas, & les maisons si haut eslevées & à tant d'estages, que Trajan fut contraint de les limiter à 60 pieds de hauteur; avec tout cela, puisqu'il est certain que *Nullibi magis aut crebrius quam in numeris peccatum est,* comme dit un des grands critiques, on peut douter avec raison qu'il y ait eu tant de peuple à Rome, veu que Paris qui nous paroist si grand, & dont les maisons sont si hautes qu'il semble que ce soit deux ou trois villes l'une sur l'autre, & si pleines de gens qu'il n'y a rien de vuide, n'approche pourtant point de ce nombre de quatre millions. Néantmoins toutes les rues, pour ainsi dire, sont pavées de gens qui se poussent les uns les autres comme en des processions; & l'on diroit que de toutes parts le monde y accourt comme au refuge & à la récompense de toutes sortes de vices & de vertus, & qu'on en vueille faire une ville commune à toute la terre, en laquelle tout ce que l'art & la nature peuvent produire de rare & de beau se trouve en si grande abondance qu'il semble que c'est la boutique & le marché commun des hommes. Ce qui cause un si grand concours c'est premierement le séjour ordinaire & la présence du Roy qui compofe la plus nombreufe & la plus belle cour du monde, de princes, ducs, marquis, comtes, barons, prélats & de la meilleure noblefse de France, qui fe preffent à la foule pour approcher de Sa Majefté, luy laiffant à peine le paffage libre dans fon palais & cérémonies, fans parler de fes regimens des gardes fuiffes & françoifes de plus de 2000 hommes chacun, & du train que tant de feigneurs y amenent. En fecond lieu le parlement qui eft de plus de 150 lieues d'eftendue & les autres cours fouveraines, comme chambre des comptes, confeil privé, grand confeil, cour des aydes, & autres, attirent de toutes parts tant de gens d'affaires qu'il n'y a ville ny village en tout le royaume qui ne luy doive le tribut de quelque habitant, & d'une partie de fon revenu. De plus les exercices de corps & d'efprit s'y montrent avec tant de perfection dans l'Univerfité & les académies, que non feulement de toute la France mais de toute l'Europe la noblefse y vient pour s'inftruire; les beaux ouvrages de manufacture s'y font & s'y débitent fi facilement, que de toutes parts il y vient tant d'ouvriers qu'on y pourroit trouver plus d'eftrangers qu'en une bonne ville d'Allemagne; finalement la liberté d'y vivre comme on veut, inconnu ou dans le grand monde, dans la desbauche ou dans la piété, dans les compagnies ou dans la retraitte, y attire tant de perfonnes, qu'aux jours de

proceſſions générales ou resjouiſſances publiques, on diroit que tout le royaume ſoit aſſem-
blé, ſi l'on ne trouvoit en meſme temps les
faux-bourgs & les villages d'alentour auſſi
pleins que s'il n'y avoit rien d'extraordinaire
dans la ville.

Ainſi comme tout contribue à former ce
grand corps tout contribue à l'entretenir; il
n'y a point d'Eſtat voiſin ny de province en
France qui n'y envoye de quoy le veſtir ou
nourrir. Les eſtoffes & les proviſions de bouche
y ſont apportées par terre & par eau, à quoy
la mer, qui n'en eſt eſloignée que de deux
journées, fournit auſſi de ſes richeſſes : le bled,
le vin, les chairs, le poiſſon, & tout ce qu'il
faut pour nourrir une ſi grande multitude y
entre inceſſamment par toutes les portes de la
ville, où il y a des gens eſtablis pour recevoir
les impoſitions & les droiĉts d'entrée du vin
& autres marchandiſes, qui valent au Roy par
an 10 à 12 millions de livres; & l'on y apporte
meſme des eufs de 40 & 50 lieues à la ronde.

Le traittement ordinaire des gens riches &
de condition eſt fort magnifique & à pluſieurs
ſervices, bien eſloigné de cette frugalité des
Romains qui pendant pluſieurs ſiècles ne vi-
voient que de farines deſtrempées, & dans
leurs allegreſſes de quelques poiſſons & de
peu de viande; leurs habits n'eſtoient que de
laine, ceux des Pariſiens, & qui en changent
très ſouvent, ſont la pluſpart de ſoye.

C

Les femmes y font très pompeufes & fuper-
bement veftues; quelques-unes defpenfans
plus en fouliers, gans, dentelles, paffemens
d'or & d'argent, broderies & chofes inutiles,
que des princeffes eftrangères ne font en tout
leur train; auffi fe trouve-t-il grand nombre
de particuliers dans Paris qui ont 80 &
100 mille livres de rente, & quelques-uns 2 &
300 mille.

Les carroffes y font fi communs que plufieurs maifons en ont 2 & 3; quantité d'advocats, de marchands & de fimples bourgeois
s'en fervent ordinairement, & l'on a mefme
quelque pudeur d'aller à cheval ou à pied
par les rues, dans lefquelles le menu peuple
eft fort infolent & peu refpectueux aux gens
de qualité, ou parcequ'il eft trop à fon ayfe,
ou parceque les magiftrats n'en répriment pas
l'infolence avec affez de févérité. Auffi n'y
a-t-il aucune police, & chaque chofe s'achete
ce qu'il plaift au vendeur, quoy que les ordonnances y foient contraires & judicieufe-
ment eftablies; mais le marchand intéreffé n'y
eft pas obéiffant, parceque les officiers en trop
grand nombre ne font pas fi affectionnez au
bien du public & obfervation de la loy qu'aux
fiecles paffez, où l'intéreft particulier avoit la
moindre part aux motifs de leurs belles actions; tout cela néantmoins fait la grandeur
de cette ville.

Les divertiffemens y font grands, & princi-

palement pour les femmes qui ont toute forte
de liberté honnefte; elles fe vifitent continuellement, & les unes vont à la promenade,
au Cours, à la Comédie, jouent à perdre fept
ou huiἀ mille francs par jour, ce pendant que
d'autres font dans des hofpitaux à diftribuer
de grandes fommes de deniers aux pauvres,
& malades. Les bals, les balets, la mufique y
font ordinaires; & dans le faux-bourg S. Germain il fe tient tous les ans une foire qui commence le 3 février & dure plufieurs jours,
accordée par Louis XI, où l'on joue à trois
dez plus d'argent, en bijoux & chofes inutiles,
qu'il ne s'en diftribue dans les meilleures foires
du monde.

S'il y a force occafions de perdre ou de mal
employer le temps & l'argent, il y en a bien
auffi pour en mieux ufer & pratiquer la charité envers Dieu & le prochain, le nombre
des églifes, chappelles & hofpitaux, y eftant
extraordinaire. Dans la ville & faux-bourgs,
il y a 44 parroiffes anciennes & modernes,
dont la plufpart font auffi collégiales de chanoines, outre la cathédralle, 32 églifes ou
chappelles, fans celles des colléges, qui en
font bien 60 : 45 abbayes, prieurez ou convents de religieux : 35 ou 40 de religieufes :
30 hofpitaux, fans une infinité d'oratoires
particuliers qui font dans les hoftels & grandes
maifons, où l'on dit prefque tous les jours la
meffe; & la plufpart ont des aumofniers pour

cet effet, ou des prestres séculiers ou religieux retenus pour cela.

Jugez par là du grand nombre d'ecclésiastiques, religieux & religieuses qu'il y peut avoir, puisqu'en beaucoup d'églises & parroisses il y a 100 & 120 prestres, & en plusieurs convents 2 & 300 religieux, quelquefois 500.

Parmy ce grand nombre d'églises, celle de Nostre-Dame qui est la cathédralle, est la plus grande & magnifique. Elle fut premièrement fondée où est à présent S. Denys du Pas proche la dite grande église, en l'honneur de la Vierge, de S. Estienne & de S. Denys (qu'ils croyoient pieusement l'Aréopagite), apostre de la France avec ses compagnons Eleuthere et Rustique : mais elle fut refaite de neuf l'an 522 par Childebert fils de Clovis; & depuis encores transférée & fondée sur le dessein qu'elle est à présent, environ l'an 1000, par Robert fils de Hugues Capet, & continuée par ses successeurs jusques audit Philippes Auguste Dieu-Donné, dont la statue est sur le portail de la dite église avec la pomme imperiale à la main, comme quelques autres de ses devanciers qui portoient le nom d'empereurs; cette statue est la dernière de 28 roys ses prédecesseurs depuis Childebert. Toutesfois par certains mémoires de la dite église, Hercandus 42e evesque, du temps de Charlemagne, décédé l'an 814, l'avoit commencée, & Mau-

rice evefque 70e, & Odo fon fucceffeur, l'ache-
vèrent, du règne du dit Philippe qui mourut
l'an 1223. Ses dimenfions font bien expliquées
par ces vieilles rimes qui eftoient autrefois
écrites dans un tableau fous le pilier de la
dite églife, où eft la ftatue de S. Chriftophle,
d'environ 20 pieds de hauteur :

> Si tu veux fçavoir comme eft ample
> De Noftre-Dame le grand temple :
> Il a dans œuvre, pour le feur,
> Dix & fept thoifes de hauteur,
> Sur la largeur de vingt-quatre.
> Et foixante-cinq fans rabattre
> A de long, aux tours haut montées
> Trente-quatre font bien contées;
> Le tout fondé fur pilotis,
> Auffi vray que je te le dis.

Il y a 120 gros piliers qui portent les voûtes
& font deux allées de chaque cofté, autour de
la nef & du chœur, fans les chappelles qui
font hors d'œuvre, au nombre de 45, le tout
couvert de plomb. L'architecture, les ornemens & les richeffes du dehors & du dedans
feroient trop longues à defduire. On y chante
matines à minuit, & le fervice divin s'y fait
avec une gravité extraordinaire. Il y a eu
108 evefques de cette magnifique églife, que
la grandeur & la majefté de la ville royale
firent ériger en archevefché l'an 1622, de
façon que M^{re}. Jean François de Gondy encores vivant, en fut le premier archevefque

par la refignation de fon frère Henry de Gondy cardinal de Retz, qui en eftoit evefque dès l'an 1598, par la démiffion auffi de Pierre de Gondy qui en fut fait evefque l'an 1570, & cardinal en 1586; à tous lefquels dignes prélats Paris aura le bonheur & la joye d'y voir fucceder Paul François de Gondy archevefque de Corinthe, coadjuteur & neveu dudit Jean François. Et fi par fes vertus & rares mérites il a efté fait le 3ᵉ. cardinal de fon nom, l'an 1652, & le 4ᵉ. prélat de Paris, il faut efpérer de fa conduite & probité toute forte de fatisfaction pour tout fon diocefe, & pour les gens d'honneur & de lettres.

L'hoftel archiépifcopal eft à cofté de cette églife; & près d'iceluy une maifon deftinée à recevoir les enfans trouvez & expofez après leur naiffance.

L'Hoftel-Dieu proche la dite églife, fut commencé par S. Landry evefque de Paris, fous Clovis II, environ l'an 608; mais il a efté tant augmenté de baftimens & de fondations, qu'on peut le comparer aux plus grands de la chreftienté. Il a près de 1000 licts garnis, qui ont d'ordinaire feize à dix-huict cens malades, parfois plus de deux mille, fervis par des religieufes qui font profeffion pardevant le doyen & chanoines de Noftre-Dame, qui ont fur iceluy toute jurifdiction temporelle & fpirituelle.

Il y a quantité de petites églifes qu'on tient

par tradition eftre les plus anciennes, & qu'on croit avoir efté fondées par S. Denys & les premiers chreftiens, comme S. Eftienne des Grecs, S. Benoift fous le nom de la Trinité, Noftre-Dame des Champs où eftoit auparavant le temple de Mercure ou Cérès, & où font à préfent les Carmélites, & autres; mais comme on n'a aucunes bonnes preuves chronologiques de toutes ces fondations avant que la France fuft chreftienne par la converfion de Clovis, je ne parleray que des principales, & dont nous avons plus de lumière, felon l'ordre des temps, l'efpace ne permettant pas de les parcourir toutes.

S[te]. Geneviève du Mont eft une des plus anciennes & remarquables églifes de Paris; elle fut fondée par Clovis l'an 500, à la prière de fa femme Clotilde, & de fainte Geneviève, dédiée à S. Pierre & S. Paul; il y renta quelques chanoines féculiers; il y fit baftir un palais où il demeuroit d'ordinaire. Sainte Geneviève y ayant efté enterrée dans une cave ou chappelle foufterraine, & depuis transferée dans l'églife, elle fut appellée de fon nom; elle eft dite Maifon Apoftolique.

Ces chanoines pour n'eftre fujets qu'au pape trop efloigné, furent chaffez pour leur mauvaife vie; & en leur place furent mis par Sugger abbé de S. Denys régent en France, 12 réguliers de S. Auguftin tirez de l'abbaye de S. Victor, avec le prieur dudit lieu, nommé

Eude, lequel fut le premier abbé de Sainte Geneviève en l'an 1148; le fufdit roy Clovis y fut enterré en l'an 513; fon tombeau magnifiquement reftably par le cardinal de La Rochefoucault abbé de ladite abbaye, laquelle luy a d'extrêmes obligations tant pour l'avoir réformée, enrichie & embellie, que pour avoir remis aux fuffrages des religieux l'election triennalle de l'abbé, du confentement du pape Urbain VIII, & du roy Louys XIII. Cette abbaye a une jurifdiction féculiere & eccléfiaftique de grande eftendue, force officiers & dignitez, quantité de reliques, dont la principale eft la châffe Sainte Geneviève, qui fe defcend & porte en proceffion par la ville en cas de néceffité publique, avec de grandes cérémonies & circonfpections; le revenu de ladite abbaye eft fort grand & bien adminiftré.

Joignant ladite églife Sainte Geneviève eft celle de S. Eftienne du Mont, baftie peu après le règne de Clovis, mais rebaftie de neuf du temps de François premier; & le portail qui eft un des plus beaux de Paris pour fon architecture fut commencé en 1610.

Les églifes de S. Germain de l'Auxerrois, & l'abbaye S. Germain des Prez ont efté bafties & fondées par Childebert fecond roy chreftien, fils de Clovis, & fa femme Ultrogothe, toutes deux en l'honneur de S. Vincent lévite & martyr, dont ce roy avoit apporté l'eftolle & quelques reliques de Tolède environ l'an 542, l'une d'un cofté de la rivière & l'autre de l'autre; en celle-là il mit des chanoines comme il y en a encore, en celle-cy des religieux. La raifon ny le temps du changement du nom de S. Vincent en celuy de S. Germain evefque d'Auxerre, qui mourut l'an 449, ne m'eft pas connue.

Pour S. Germain des Prez il changea de nom à l'occafion de S. Germain evefque de Paris, à la perfuafion du quel Chilperic l'avoit commencé, & qui l'avoit luy-mefme confacré 9 ans avant fa mort, qui fut l'an 578; & voulut eftre enterré dans une chappelle contiguë à ladite églife, en laquelle ayant efté depuis transféré par Pépin en l'an 754, elle en prit le nom.

Il ne refte quafi rien de ce premier baftiment ayant efté trois fois bruflé par les Infidelles au 9e. fiecle & rebafty comme il eft à préfent par le roy Robert. Ledit Chilperic y fut enterré l'an 559; il y a auffi d'autres tombeaux de roys & de reynes. Henry de Bourbon marquis de Vernueil, evefque de Mets, fils naturel de Henry IV, eft à préfent abbé commendataire de cette abbaye de grand revenu. Sa jurifdiction s'eftend fur tout le fauxbourg & jufques dans la ville; les parroiffes de S. André des Arts & S. Cofme y font fujettes; elle ne relève que du pape pour le fpirituel. Les religieux font de l'ordre S. Benoift bien réformez; l'abbé peut porter mithre,

D

anneau, dalmatique &c. comme les evefques : ils portent auffi quelquesfois en proceffion la châffe de S. Germain, très riche en or & en pierreries. On tient que l'idole d'Ifis eftoit anciennement adorée en ce lieu ; & mefme qu'elle y eftoit demeurée pour marque de l'antiquité jufques en l'an 1514, que l'abbé la fit rompre pour éviter à quelques abus.

L'églife & monaftère de S. Martin des Champs fut commencé à baftir l'an 1056, mais il eftoit beaucoup plus ancien, puifque le roy Robert qui régna dès l'an 997, en faifoit fon palais ; il eft de grande eftendue & revenu.

L'abbaye & l'églife de S. Victor, pour eftre fi belle, grande & riche comme elle eft de préfent, n'eft pas pour cela fort ancienne : il y avoit bien en ce lieu quelque petite chappelle de ce nom, mais Louis le Gros eft le premier qui y mit & dota les chanoines & religieux de S. Auguftin, en l'an 1113, qui y font à préfent, & dont meffire Pierre du Cambout de Coiflin arrière-neveu de monfieur le cardinal de Richelieu, & petit-fils de monfieur le chancelier Seguier, eft à préfent abbé. Il y a auffi une fort belle bibliothèque de manufcrits & autres livres.

Le convent des Chartreux fut commencé à fonder & baftir par S. Louis l'an 1259, qui fut environ 160 ans après la converfion de S. Bruno & l'inftitution de fon ordre, en un lieu infecté des démons, nommé l'hoftel de

Vauvert & rue d'Enfer ; ledit convent avec l'églife furent baftis des charitez des Parifiens, grands feigneurs & roys fucceffeurs. Environ ces mefmes temps, ou peu auparavant, quantité de convents & de lieux publics furent auffi baftis :

Les Jacobins en la rue S. Jacques l'an 1218, qui fut 8 ans avant la mort de S. Dominique.

Les Cordeliers l'an 1217, avant la mort de S. François, qui décéda à Affife le 4 octobre 1226 ; en l'an 1230 ils furent eftablis au lieu où ils font à préfent. L'églife en fut bruflée entierement avec les tombeaux l'an 1580, & rebaftie par Henry III l'an 1582.

Les Auguftins l'an 1250, au lieu où ils font près le Pont-Neuf, l'an 1293.

Les Carmes furent amenez à Paris de la terre Sainte par S. Louis l'an 1259, & logez au lieu où font à préfent les Celeftins qui furent mis en leur place l'an 1318, & eux transférez à la place Maubert.

Pour les Mathurins ils font inftituez dès l'an 1209.

La maifon profeffe des Jéfuites de la rue S. Antoine fut eftablie par le cardinal Charles de Bourbon oncle de Henry IV, l'an 1580, qui leur donna l'hoftel d'Anville, où ils firent une petite églife qui a depuis efté refondée & baftie d'une très belle architecture par les libéralitez de Louis XIII, & du cardinal de Richelieu, qui la confacra & dédia à S. Louis l'an 1641. Mais cet efpace feroit trop petit fi je m'arreftois à déduire par le menu les églifes & convents qui font dans Paris, auffi bien que l'inftitution & l'ancienneté des parroiffes que je ne toucheray qu'en paffant.

Celle de S^t. Gervais eft des plus anciennes, eftant baftie avant l'an 578. Son portail fait l'an 1609 eft une des plus belles pieces d'architecture de la chreftienté. Saint Jean en Greve fut fondé l'an 1212, pour le fecours dudit S. Gervais. S. Mederic eft plus ancien, Saint Paul encore davantage, ayant efté bafty par S. Eloy qui mourut environ l'an 660; Saint Nicolas des Champs environ l'an 1000; Saint Jacques de la Boucherie l'an 1153. Saint Euftache, autrefois chappelle de Sainte Agnès, maintenant une des plus grandes églifes & parroiffes de la ville, fut commencée à baftir l'an 1532, d'une architecture gothique mais fort délicate & fort exaucée. Toutes ces parroiffes de la ville, avec quelques-unes de l'Univerfité, font de grand revenu & valent plus que beaucoup d'evefchez.

Pour la Sainte Chappelle, c'eft une architecture & une fondation véritablement royales. Elle fut premièrement fondée par le fufdit Robert fils de Capet, l'an 1022, fous le nom de Noftre-Dame de l'Eftoille, à caufe de l'ordre des chevaliers de l'Eftoille. Mais S. Louis la fit ériger en Sainte Chappelle & baftir l'an 1245.

Il y a dans toutes ces anciennes églifes & autres plus modernes, tant de tombeaux de roys,
reynes, princes, princeffes, faints & faintes,
cardinaux, evefques, docteurs, & gens illuftres
en toutes fortes de profeffions d'armes & de
lettres, qu'on ne les fçauroit dire, mefme en
abrégé, non plus que la beauté defdites églifes,
fans occuper tout cet efpace.

Pour les hofpitaux ils font en grand nombre :
outre le grand près Noftre-Dame dont il eft
parlé cy-devant, il y a celuy de S. Gervais
fondé l'an 1171, & celuy Sainte Catherine, rue
S. Denys, prefque de mefme temps, fervis
par des religieufes. Celuy de la Trinité fondé
l'an 1202 pour nourrir & inftruire les pauvres
enfans mafles qui ont père & mère, & font
veftus de robes bleues, avec un bonnet de
mefme ; celuy des Quinze-Vingts aveugles,
commencé à baftir dans un bois, & fondé par
S. Louis l'an 1250, au fujet de 300 gentilshommes laiffez pour oftages en Egypte, qui
furent aveuglez par le foudan, & depuis ra-
chetez & renvoyez en France audit lieu,
comme font encores les hommes, femmes &
enfans qui ont perdu la veue ; celuy des Haudriettes fut bafty de mefme temps pour les
femmes vefves ; celuy de S. Jacques de l'Hofpital fondé l'an 1317 pour loger les pélerins
de S. Jacques : comme celuy du S. Sepulchre
l'avoit efté dès l'an 1252 pour ceux de Jéru-
falem. L'Hofpital de S. Julien des Méneftriers

fut commencé à baftir par deux joueurs d'in-
ftrumens l'an 1380, pour les pauvres impotens.
Celuy du S. Efprit l'an 1302 pour les orphelins de l'un & l'autre fexe nez en légitime
mariage dans Paris ; les baftards & enfans trouvez eftans mis ailleurs. Celuy des Enfans
Rouges par Marguerite reyne de Navarre
l'an 1535, pour les orphelins mafles nez hors
de Paris. Celuy de S. Louis pour les peftife-
rez, l'un des plus réguliers & magnifiques
baftimens qui fe puiffe voir, fut bafty & renté
par Henry IV, l'an 1607. Et celuy des Frères
de la Charité par la reyne Marie de Médicis
pour les hommes malades qui y font auffi pro-
prement fervis & bien affiftez de toutes chofes
qu'en lieu du monde. Outre tous ces hofpitaux il y en a grand nombre d'autres, comme
celuy de la Mifericorde fondé par Mr. le pre-
fident Seguier pour l'entretenement & inftruction de 100 pauvres filles, celuy des
Incurables, & celuy des Enfermez ; celuy des
Petites-Maifons pour les fols, qui ne feroit
pas affez grand fi tous y devoient avoir place :
mais la providence de Dieu y a bien pourveu
en faifant tout ce monde *una gabbia de matti*.

. Quant à l'Univerfité, comme elle eft des
plus grandes & célebres qui ayent jamais efté,
foit pour la quantité des collèges en nombre
de plus de 60, foit pour celle des profeffeurs
& des efcoliers, elle eft auffi des plus anciennes, Charlemagne l'ayant inftituée dès

l'an 791. Il y a quatre Facultez, la première des Arts, de laquelle on prend toujours le recteur; la 2ᵉ. de Théologie dont le principal collège eft celui de Sorbone; la 3ᵉ. de Droiĉt Canon; & la 4ᵉ. de Médecine. Elle eft divifée en 4 nations : France, Picardie, Normandie, Allemagne, dont les 4 procureurs élifent le recteur tous les 3 mois; fon pouvoir eftoit autrefois fi grand qu'il précédoit les nonces, cardinaux, ambaffadeurs & pairs, marchant mefme à cofté de l'evefque de Paris aux enterremens des roys, auprès defquels l'Univerfité eftoit fi puiffante qu'elle en obtenoit toute forte de privilèges & exemptions; tous leurs procès civils font évoquez pardevant le prévoft de Paris en quelque lieu de France qu'ils puiffent avoir affaire, & les criminels renvoyez en la cour d'Eglife. Il n'eftoit permis autrefois à perfonne de monter en chaire qu'à 25 ans, ny d'enfeigner la théologie qu'à 35. Le nombre des efcoliers eftoit fi grand qu'il excitoit quelques fois des féditions, mais à préfent par la multiplication des collèges de France, il n'y en a qu'environ fix mil dont celuy des Jéfuites en a bien près de la moitié.

Le plus ancien de tous ceux dont nous avons connoiffance eft celuy de Sorbone fondé par S. Louis, du confeil de Robert de Sorbone fon aumofnier & confeffeur, l'an 1253, & depuis entièrement abbatu par le cardinal de Richelieu docteur de cette Faculté, pour eftre bafty de neuf comme il eft de plus grande eftendue, & fur le plus grand & magnifique deffein qu'un collège puiffe eftre, avec une très belle églife, grande court, falles pour faire les difputes & les affemblées, d'autres pour les leçons publiques; bibliothèque admirable, & tout ce qu'il faut de commoditez pour bien loger autant de docteurs qui peuvent faire les actes néceffaires pour eftre de ce corps, dont la réputation eft fi grande, & la fcience jointe à la probité fi connue par toute la terre & dans le chriftianifme, que pour n'en pouvoir icy rien dire de nouveau, je vay toucher en paffant l'inftitution des autres collèges : celuy de Harcourt fut fondé l'an 1280 par Raoul de Harcourt chanoine de Noftre-Dame, où la maifon eft belle & les exercices bons. Celuy des Cholets & du Cardinal le Moyne l'an 1302. Celuy de Navarre l'an 1304 par Jeanne royne de France & de Navarre; il eft des plus grands & mieux fréquentez. Celuy de Bayeux l'an 1308, de Laon 1313, de Montaigu l'an 1314, où furent eftablis les pauvres efcoliers nommez Cappettes, environ l'an 1490. Celuy du Pleffis & Marmoutier l'an 1322, de Bourgogne l'an 1331, des Lombards & de Tours 1333, de Lifieux 1336, d'Autun 1341. Collège Mignon 1343, de Cambray ou des Trois Evefques 1348; c'eft où fe font les leçons publiques en toutes langues & fciences par les profeffeurs eftablis par François premier & autres. Ceux de Boncour & de Iuftice l'an 1353, de Beauvais 1356, de M^c. Gervais 1370, de Coquerel 1412, de la Marche environ 1423, de Sées, de la Mercy, Sainte Barbe, & autres de peu de conféquence, enfuitte. Celuy des Graffins, où les exercices font bons, l'an 1569, & celuy de Clermont, où font les Jéfuites, fondé par Guillaume du Prat evefque de Clermont, l'an 1550, douze ans après l'approbation de leur inftitut. On y enfeigne avec grand éclat & méthode les humanitez, la philofophie, les mathématiques, & la théologie; il y a d'ordinaire 3 à 4 cens penfionnaires, parmy lefquels il y a prefque toujours quelques princes & grans feigneurs. En beaucoup d'autres collèges il ne s'y fait point d'exercice de lettres, & ils ne fervent qu'à loger & entretenir les efcoliers fuivant l'intention des fondateurs.

Les lieux où fe font les leçons de droiĉt canon & de médecine ne font pas remarquables, ny pour leur ftruĉture, ni pour leur antiquité, les efcholes de droiĉt n'eftant que de l'an 1460, & celle de la médecine de 1469. Les leçons & les aĉtes s'en faifoient auparavant dans les maifons particulières des doĉteurs, ou de louage. Henry IV, l'an 1609, commença de baftir le collège Royal, fur 30 toifes de long, & 20 de large, avec 4 falles aux 4 coings, pour faire les leçons publiques en toutes fortes de fciences & de langues; tous les profeffeurs qui devoient avoir dix mille efcus de rente y euffent efté logez, & la bibliothèque du Roy des plus belles du monde & nombreufe en manufcrits de toutes fortes, y devoit eftre transférée : mais cet ouvrage ayant efté interrompu par la mort de ce grand prince, elle eft encores demeurée en une maifon particulière, derrière les Cordeliers, dont monfieur du Puy connu & chéry par fes bonnes qualitez de tous les gens de mérite & de fçavoir en toute l'Europe, a la garde & la direction.

Après les eftabliffemens de tant de collèges faits par les roys, reynes, princes, prélats & autres, pour l'inftruction de toutes fortes de fciences & de langues latine, grecque, hebraïque, arabique, &c., qui donnent des avantages à l'Univerfité de Paris fur celles d'Athènes, de Rome & de tous les fiècles paffez, il en reftoit encores un à faire pour la pureté de noftre propre langue ; c'eft ce qu'a fait le cardinal de Richelieu l'an 1635, eftabliffant par lettres patentes vérifiées au parlement, une compagnie de quarante perfonnes de condition, dont il eftoit le chef & le protecteur, & à préfent monfieur le chancelier, fous le nom de L'ACADEMIE FRANÇOISE, pour cultiver par leurs conférences une ou deux fois la femaine, la pureté & la politeffe de la langue, & donner par leurs beaux écrits, comme ils font, des préceptes & de l'émulation à tous ceux qui veulent écrire & parler nettement & avec élégance.

Ce qui fait encores partie de la grandeur de cette ville, ce font les palais, les chafteaux, les hoftels & autres édifices publics dont elle eft remplie : le premier de tous, & qui porte le nom de Palais tout feul, eft celuy où l'on rend la juftice, qui eft prefque auffi ancien que la monarchie, les premiers roys de la derniere race y ayant demeuré : mais Philippes le Bel le fit rebaftir comme il eft, environ l'an 1310, après avoir rendu le parlement fixe & fédentaire dès 1302, & avoir ordonné que la juftice fe rendroit quatre mois l'année, deux après l'octave de Pafques, & deux après celle de la Touffaints, par des officiers pris du clergé & de la nobleffe; depuis il fut réduit en la forme & féance qu'il eft, fans difcontinuation ny changement d'officiers, du règne de Philippes de Valois & de Charles VI, & compofé de préfidents, maiftres des requeftes, confeillers clercs & laïcs, d'un procureur général & de deux advocats généraux, qui font maintenant le nombre de plus de 200, fans parler des ducs & pairs qui y ont voix déliberative, & des archevefques & evefques qui y ont auffi leur féance. Aux grandes affemblées, proceffions & jours de cérémonie, ils font veftus de robbe d'efcarlatte doublée de velours noir. On y traite de toutes fortes de matières civiles & criminelles entre parti-

culiers, mefmes des affaires d'Eftat & publiques. Les caufes des princes du fang, des
pairs de France & des officiers de la couronne,
y font traittées privativement aux autres par-
lemens. C'eft où les roys vont auffi en cérémonie tenir leur lict de juftice, & fe déclarer
majeurs, ou faire d'autres actes de leur fou-
veraine puiffance & autorité. Cette compagnie
eft des plus auguftes & compofe le plus re-
nommé fénat de l'Europe, au jugement du
quel des roys, Eftats & princes eftrangers ont
foufmis plufieurs fois leurs différents : mefme
l'empereur Barberouffe, l'an 1244, y remit les
fiens contre le pape Innocent IV, fur les
royaumes de Sicile & de Naples, & fur les
propres droicts de l'Empire.

Dans ce mefme enclos du Palais il fe tient
quantité d'autres cours & jurifdictions fouveraines, comme la chambre des comptes qui
va de pair avec le parlement, & ne luy cede
que la droite en marchant en corps. La cour
des monnoyes, le bureau des Tréforiers de
France, la chambre du Tréfor, le bailliage du
Palais, la table de marbre ou conneftablie &
marefchauffée, l'admirauté, les eaux & forets,
les éleus, la panneterie, & autres moindres
juges, y tiennent leurs féances pour toutes
fortes de matières, & y ont leurs falles &
chambres de juftice, tant le lieu eft fpacieux.
Dans lequel ce qu'il y a de plus remarquable,
c'eft une grand'falle qui n'a point fa pareille

au monde. Il y avoit autrefois des ſtatues de tous les roys autour des piliers qui la ſouſtenoient : mais ayant eſté bruſlée l'an 1618, avec le lambris tout peint & doré & la table de marbre d'une grandeur extraordinaire, elle a eſté rebaſtie de neuf & voûtée de pierre. Il n'y a point d'endroit ſur la terre plus fréquenté que celuy-là, & où le monde ſoit ſi fort preſſé, confus, en colère & agité 10 mois de l'année, depuis 9 heures juſques à midy : en ſorte qu'on le pourroit appeller un enfer, ſi l'on n'y diſoit tous les jours la meſſe ; au meſme temps que le menſonge, le deſpit, la fraude, la vengeance, & toutes les paſſions violentes poſſedent ces gens là ; & que la préſence de Dieu ne chaſſaſt en quelque façon le démon des procez qui ruine la pluſpart du monde, & ne fait autre bien que de nourrir 20 ou 30 mille hommes à Paris, de la folie ou de l'avarice des autres, qui ne ſont pas aſſez raiſonnables pour s'accorder eux-meſmes ou faire juger par leurs amis *le tien & le mien*, qui font tous les ſujets des procez & querelles.

A coſté de ce triſte lieu pour ceux qui ont des affaires, il y a deux galleries fort divertiſſantes pour ceux qui n'en ont point : elles ſont pleines de toutes ſortes de galanteries & marchandiſes curieuſes, où les dames, les courtiſans, & preſque tout le monde ſe fournit de rubans, de gands, de baudriers, de coiffeures, & de mille autres gentilleſſes qui fervent à l'ornement des corps; comme les livres d'hiftoires & de fables, de romans & de comédies qu'on vend au mefme lieu, en plus grande quantité qu'en tout le refte de la terre, fervent au divertiffement de l'efprit, & à faire couler agréablement le temps à ceux qui n'ont rien de meilleur à faire. La Sainte Chappelle, dont j'ay dit ci-devant l'eftabliffe-ment & la fondation, eft au bout de la grande galerie; on ne fçauroit affez eftimer la hardieffe de fon architecte d'avoir fait deux églifes voûtées l'une fur l'autre, fans aucunes colonnes au dedans pour en fouftenir le comble & la couverture de plomb, fupportée par des piliers fort délicats qui font le tour de ladite chappelle, prefque toute percée à jour par de grandes arcades où font des vitres peintes & variées de mille couleurs & figures. Le malheur ayant voulu que le feu fe prift au dit comble l'an 1630, & qu'il le confommaft tout entier avec le clocher auffi couvert de plomb, & des plus artiftement travaillez qu'il y en euft en France, on l'a recouverte depuis, & refait un clocher qui ne cédera point à l'autre.

Le fervice s'y fait avec grande cérémonie par un tréforier & des chanoines qui ne relevent que du S. Siège, des chappelains & des chantres, tous-jours en mufique. Il y a quantité de prétieufes reliques, comme de la vraye croix, de la couronne d'efpines, de la robbe de pourpre, du S. Suaire de noftre Seigneur,

& autres, que Baudouin empereur de Conſtan-
tinople avoit engagé aux Venitiens, & que
S. Louis rachepta de ſon conſentement, l'an
mil deux cens quarante ſept. Au bas de ladite
Sainte Chappelle, dans la cour du Palais, le
premier préſident du parlement eſt logé dans
un très-bel hoſtel affecté à cette grande charge ;
le tréſorier de la Sainte Chappelle & tous les
chanoines y ont auſſi leur département. La
Bourſe des marchands, ou le lieu de leur rendez-vous pour traitter du négoce & lettres de
change, tous les jours à midy, eſt dans le meſme
enclos. Bref on peut dire que toutes les grandes
affaires ſe font dans ce petit réduit, car pour
le Chaſtelet, ce n'eſt que la juſtice ordinaire
qui relève par appel au parlement comme les
autres préſidiaux de France : elle ſe fait ſous
le nom du prévoſt de Paris qui a 3 lieutenans
ſous luy, le civil, le criminel, & le particulier,
un procureur & 2 advocats du Roy, pluſieurs
conſeillers, quantité de commiſſaires départis
aux 16 quartiers de la ville pour l'obſervation
des ordonnances & de la police, avec un ſi
grand nombre d'autres officiers de judicature
qu'on en pourroit bien faire une grande armée & en laiſſer encores plus qu'il n'en faudroit pour rendre la juſtice, comme elle ſe
rend & très bien, par les juges conſuls au
nombre de 5, dont le plus ancien & capable
eſt juge des marchands & les autres 4 conſuls,
eſtablis par Charles IX, l'an 1562. Ils ſont

éleus par le prévoſt des marchands, qui eſt comme le maire de la ville, & par les 4 eſchevins avec 100 notables bourgeois tous les ans, pour juger brevement, comme ils ſont, tous debats & procez entre marchands pour raiſons de marchandiſes, lettres de change & autres différents concernans le commerce juſques à 500 livres définitivement; & leurs appellations au-deſſus vont au parlement, auquel ils preſtent le ferment lorsqu'ils y ſont receus. Il y a encores outre cela, dans la ville & faux-bourgs, d'autres juriſdictions particulières, comme le Fort-l'Eveſque, le bailliage du Palais, & celles des ſeigneurs juſticiers qui ſont au nombre de 24 & preſque 140 cenſiers, outre le Roy premier haut juſticier, dont les principaux ſont : l'abbé de S. Germain des Prez, celuy de Sainte Genevieſve, de S. Victor, S. Martin, S. Anthoine, le Temple, Mont-Martre, S. Magloire, S. Eloy, S. Lazare, S. Denys de la Chartre, l'Hoſtel de Ville, S. Jean de Latran, Noſtre Dame, &c. De ſorte que les neuf dixièmes des juges & de leurs dependans pourroient aller faire des colonies en l'Amerique & peupler les Indes occidentales, ſans que pour cela Paris demeuraſt dans la confuſion, & dans le deſordre, faute d'officiers de juſtice.

Le chaſteau du Louvre, demeure ordinaire des roys, fut baſty l'an 1214, par Philippes Auguſte avec ſes grands foſſez & hautes tours. Charles V en l'an 1364 le fit rebaſtir & accroiftre, fuivant le vieil deffein dont il refte encore le devant : mais François premier dès l'an 1528 commença le fuperbe & nouveau baftiment de cette architecture admirable tel que nous le voyons. Henry II fon fils & les roys fuivans y ont fait travailler de temps en temps; & fans l'occupation des guerres & le divertiffement des deniers, Louis XIII l'auroit achevé, en ayant luy feul prefque fait autant que tous fes prédeceffeurs enfemble. S'il eftoit en fa perfection on pourroit dire avec vérité ce que peut-eftre on dit par exagération des fept merveilles du monde, puifque dans toute la terre nous avons des relations, il n'y a aucun édifice qui l'égale en magnificence, grandeur, richeffe & beauté de l'architecture, fculpture, baffes tailles, incruftations de marbre & autres ornemens, que l'induftrie des hommes eft capable d'inventer, au dedans & au dehors des plus riches palais. La royne Catherine de Médicis fit commencer en l'an 1564, celuy des Thuileries hors la ville, à laquelle il devoit eftre joint par un pont-levis : mais Henry IV, ayant fait faire la grande gallerie, il eft demeuré imparfait, par l'agrandiffement de la ville enclos dans icelle, avec un parc & jardin de grande eftendue, où les princes, grands feigneurs & perfonnes de condition de l'un & l'autre fexe, vont tous les beaux jours à la promenade. Son efcalier tournant en limaçon & comme fufpendu en l'air, fans noyau, ny

F

clef qui fouftiennent les marches, eft un chef-
d'œuvre de maffonnerie & des plus hardies
pièces que l'on puiffe voir; comme tout le
refte defdits baftimens eft fuperbe & enrichi
de colomnes de marbre de toutes couleurs &
des plus beaux ordres de l'architecture. Pour
la grande-galerie elle eft fans pareille : fon profil
vous en repréfente affez la beauté & la grandeur dans cette carte; mais il ne vous dit pas
que dans les logemens qui font au-deffous il y
a les plus excellens ouvriers en toutes fortes
d'arts qu'on peut trouver par tout le monde,
dont les places vacantes par la mort de quelques-uns d'eux, font données par le Roy feul
à d'autres, avec quantité de beaux privilèges.
Au-deffous & au bout de cette gallerie, il y a
une grande falle qu'on appelle des Antiques ou
Ambaffadeurs, remplie de curiofitez, comme
d'une grande fphere mobile fufpendue à la
voûte, & de quantité de belles ftatues, entre
autres d'une qu'on dit eftre la Diane d'Ephèfe.
Et pour joindre cette grande gallerie avec le
pavillon du Louvre il y en a une petite, encores plus richement baftie où font les por-
traits des roys & des reynes, & d'excellens
tableaux des meilleurs peintres de l'Europe.

Le Palais Cardinal où depuis la mort de
Louis XIII, la Reyne & le Roy d'à préfent
ont fait leur demeure eftans à Paris, a efté
entièrement bafty par le cardinal de Richelieu,
qui par fon teftament de l'an 1642, le donna

audit roy, lors Dauphin : il eſt très beau, très logeable & très enrichy de dorures & peintures, mais il n'approche aucunement de la majeſté du Louvre, ny de la régularité & grandeur du palais d'Orléans, autrement Luxembourg, demeure ordinaire de monſeigneur Gaſton de France duc d'Orléans oncle du Roy, qui fut baſty par la reyne Marie de Médicis ſa mère & commencé l'an 1612. Les belles peintures de Rubens, la belle bibliothèque & le cabinet de raretez de Son Alteſſe Royalle ne le rendent pas moins magnifique que tous les autres ornemens de l'architecture, & les beaux meubles dont il eſt paré : mais ce qui le rend tout à fait auguſte, c'eſt la préſence de ſa dite Alteſſe, & la grande cour que les princes, ducs & pairs, grands & petits du royaume luy font inceſſamment, tant la juſtice & douceur des princes ſont de puiſſans aymans pour attirer le cœur d'un chacun. Les allées, parterres, fontaines & bois du parc ſervent aux divertiſſemens & promenades ordinaires des dames, & meſmes du peuple à qui rien n'eſt fermé, par la bonté de ſa dite Alteſſe. La meſme Reyne fit auſſi en meſme temps conduire dans Paris grande quantité d'eaux par des aqueducs comparables à ceux de l'antiquité, qui fourniſſent toutes les fontaines publiques & particulières que l'on a fait depuis, & qui ſont en grand nombre dans les rues, hoſtels & maiſons religieuſes. Elle a fait auſſi dreffer & planter un beau cours le long de la rivière au bout des Thuilleries, où l'on voit comme en abrégé toute la pompe, richeffe & beauté de cette grande ville, par la multitude de fuperbes carroffes pleins de perfonnes de condition, & de belles dames parées qui vont y prendre l'air, & faire plufieurs caracols, pour montrer à l'envy les uns des autres, les avantages de la nature, de l'art & de la fortune.

Pour les hoftels de Condé, de Soiffons, de Vendofme, de Nemours, de Lorraine, de Guife, de Chevreufe, d'Angoulefme & autres princes, ducs, marefchaux de France & grands feigneurs qui ont leurs logemens dans la ville, on n'auroit jamais fait fi on les vouloit décrire par le menu, auffi bien que la grandeur & beauté de la place Royale, commencée à baftir l'an 1604; de laquelle on peut dire feulement qu'en tout le refte du monde il n'y a point tant de maifons enfemble de mefme fymetrie auffi riches au dehors & par le dedans que celles qui la compofent, n'y ayant que des financiers ou des grands feigneurs qui l'habitent : dont les belles tapifferies, les ameublemens de velours, brocatels & autres précieufes eftoffes de foye, d'or & de broderie, les grands miroirs, meubles précieux, peintures & dorures des chambres, alcoves, & cabinets, furpaffent toute la magnificence des anciennes maifons royales, comme font auffi plufieurs hoftels de grands feigneurs & perfonnes de condition marquez dans cette carte : il y a de belles galeries tout autour, & au deſſous de ladite place pour marcher à couvert, & dans le milieu la ſtatue equeſtre de bronze de Louis XIII ſur un pied d'eſtail de marbre blanc, comme celle de Henry IV, ſon père, eſt ſur le Pont-Neuf. On fait dans cette place les car-rouſels, feux de joye, courſes de bagues, & autres réjouiſſances publiques, ſelon les occa-ſions.

Le Temple eſt un chaſteau baſty environ l'an 1200, par les chevaliers templiers de Hié-ruſalem eſtablis l'an 1122. La groſſe tour, & les quatre qui l'environnent, fut parachevée l'an 1306. L'année ſuivante ces templiers fu-rent accuſez de tant de crimes & d'héréſies qu'il en fut bruſlé 60 hors la porte S. An-thoine, & le commandeur dans le palais en préſence du Roy, qui ſe ſaiſit de tous leurs biens & de leur hoſtel, où il ſe logea & y fit apporter ſes tréſors & chartres. On l'a donné depuis aux chevaliers de S. Jean de Hiéruſa-lem, ſurnommez de Rhodes, & enfin de Malte, & le grand prieur de France y demeure : mais la groſſe tour & les quatre autres ſervent ordi-nairement de magaſins de poudre & munitions de guerre : comme la Baſtille qui eſt un autre chaſteau compoſé de 8 hautes tours baſty l'an 1371, refait & réparé de ſes ruines par Charles V, ſert pour l'artillerie, & pour gar-der les priſonniers d'Eſtat ; il a communication

& eſt joint à l'Arſenal qui peut eſtre du meſme temps, mais qui a eſté renouvellé & parachevé d'eſtablir par Henry II, III & IV. C'eſt où ſe fondent les canons, mortiers, bombes & autres foudres, dont il y a un ſi grand nombre avec tant d'affuſts, de boulets, de poudres, de meſches & autres munitions de guerre, qu'on croit que c'eſt la boutique de Vulcan, comme il eſt écrit ſur la porte :

Ætna hæc Henrico Vulcania tela miniſtrat,
Tela Giganteos debellatura furores.

L'Hoſtel de Ville en la place de Grève, fut commencé à baſtir, comme il eſt, l'an 1535 par l'ordre de François premier, mais il n'a eſté parachevé que ſous Henry IV. C'eſt un fort bel édifice où il y a une très grande ſale, dans laquelle on s'aſſemble pour délibérer des affaires publiques concernant la ville, régie par un gouverneur qui eſt d'ordinaire homme de qualité & grand ſeigneur, un prévoſt des marchands qu'on a couſtume de prendre du corps du parlement, & par 4 eſchevins, dont on eſlit deux tous les ans à la pluralité des voix, de 24 conſeillers de ville, des quarte-niers & des députez des bourgeois, le lende-main de l'Aſſomption. Ils doivent eſtre nez de la ville ou faux-bourgs : ils ont la charge des murailles, portes & gardes de la ville, des quais, ports, ponts, pavez, boues, taxe du bled, vin, bois, charbon & autres choſes concernant la police, pour raifon de quoy il y a grand nombre d'officiers au-deffous d'eux, outre les archers de ville & ceux du guet à pied & à cheval, qui font tenus aller de nuiet en divers endroits, pour empefcher les defordres qu'un fi grand peuple peut caufer. Dans les députations, cérémonies & affemblées générales le prévoft des marchands & les efchevins font reveftus de robbes my-parties de rouge & de tanné, celle dudit prévoft de fatin, & celle des efchevins de drap. Ils font affiftez d'un procureur, receveur & greffier, des 24 confeillers & des 16 quarteniers, qui font departis par autant de quartiers de la ville pour veiller à fa confervation & empefcher les féditions & efmeute du peuple, envoyer les mandemens de l'Hoftel de Ville à leurs cinquanteniers qui les portent aux dizainiers, pour aller aux occafions dans toutes les maifons faire les vifites & recherches des inconnus & eftrangers. Enfin les loix y font auffi belles & bien eftablies que dans la république de Platon, pleut à Dieu qu'elles y fuffent auffi bien obfervées.

Pour les ponts, il y en a huiet de pierre & deux de bois. Les principaux font : celuy de Noftre-Dame achevé l'an 1507, par la conduite de Jean Jocondus cordelier Veronois; le Pont-Neuf un des plus beaux qui foient en l'Europe, fur lequel il paffe autant de monde un jour de fefte qu'il y en a dans les meilleures villes, & où l'on voit plus de diverfitez de folies & de chofes plaifantes qu'on n'en fçauroit defcrire; fut commencé par Henry III l'an 1578, & demeuré imparfait jufques à Henry IV fous lequel il fut achevé l'an 1604. La pompe de la Samaritaine eft une des plus belles machines qu'on puiffe voir, comme le cheval de bronze fur lequel eft la ftatue du dit Henry IV, élevé l'an 1614 fur un piedeftal de marbre, enrichy & orné de diverfès ftatues & infcriptions de bronze, eft une des plus excellentes pièces du monde qui mériteroit un plus long difcours. Si l'on pouvoit efcrire en si peu de lieu toutes les beautez & merveilles de cette grande ville, de laquelle il y auroit tant d'autres chofes à dire, comme des places, des fontaines, du Jardin des Plantes médécinales, & de beaucoup d'autres raretez publiques & particulières; que fi je voulois feulement les nommer le refte de l'efpace auquel je fuis borné n'y fuffiroit pas, c'eft pourquoy je finis.

EXTRAICT DU PRIVILÈGE DU ROI.

Par grace & privilége particulier du Roy donné à Paris
le dernier decembre 1649 & verifié en la cour de parlement. Sur ce qui a efté repréfenté à Sa Majefté que la
plufpart de ceux qui fe font employez jufques icy à faire
les cartes des provinces, plans & élévations des villes,
ports & havres, n'y ont travaillé qu'à veue d'œil, ou fur
de vieux exemplaires pleins de fautes, fans y avoir apporté
aucune mefure ny obfervations mathématiques, notam-
ment dans les plans de la ville de Paris, defiré avec tant
de paffion de tous fes fubjets & des eftrangers, Sa Majefté
auroit fait commander par monfieur le chancelier à Jacques
Gombouft conducteur d'ouvrages de fortifications, de travailler au plan de ladite ville & faux-bourgs de Paris,
avec toutes les rues dans leurs mefures, mefmes de repré-
fenter au naturel toutes les églifes, collèges, hofpitaux,
convents, palais, hoftels, ponts, places, fontaines &
autres lieux publics & particuliers. A quoy ledit Gombouft ayant travaillé continuellement pendant quatre ans,
il fe feroit fi dignement acquitté de ce commandement au
jugement des experts & connoiffans qui auroient efté
commis pour examiner ledit ouvrage, que Sa Majefté auroit creé & eftably ledit Gombouft fon ingénieur pour
l'élévation des plans, des villes & maifons royales, & luy
auroit permis de graver ou faire graver, imprimer, vendre
& débiter par luy feul lefdits plans & perfpectives, avec
les difcours concernans l'explication d'iceux; faifant inhi-
bitions & defenfes à toutes perfonnes de copier & contre-
faire lefdits plans, ou partie d'iceux, en quelque forme &
grandeur que ce foit; comme auffi de graver ou faire graver à l'advenir aucuns plans, perfpectives ou repréfenta-

G

tions de la ville de Paris & autres, fans le confentement dudit Gombouft, à peine de trois mille livres d'amende & confifcation des planches & exemplaires : revoquant à cet effect toutes lettres à ce contraires & privilèges cy-devant accordez pour femblables plans qui n'ont point encores efté publiez & expofez en vente, comme il eft plus amplement porté par ledit privilège, fignifié où befoin a efté.

Le dit Plan fe vend à Paris, rue Neuve S. Honoré, près l'églife S. Roch, à l'hoftel du S. Efprit, & au Palais, dans la galerie des Prifonniers.

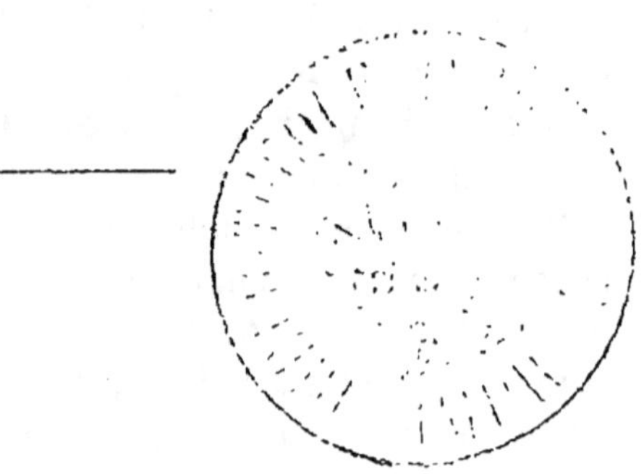

TABLE

DU

PLAN DE GOMBOUST.

r. du Colombier, quay Malaquais. V.

Augustins (rue des Vieux-), r. Coquillière, r. Montmartre. V.

Aumont (hoftel d'), r. des Poulies. V.

Authun (collège d'), r. St-André des Arts & r. de l'Hirondelle. V.

Ave-Maria (les Filles de), rues du Fauconnier, des Barrières, des Preftres. II.

Ave-Maria (collège de l'), r. de la Montaigne Ste-Genefviève. VI.

Avignon (rue d'), r. de la Savonnerie, r. St-Denis. V.

Ayde de St-Sulpice, r. de Verneuil & r. de Bourbon. VIII.

Aydes (bureau des), r. des Barres. V.

B

Baillet (rue du), r. de la Monoye, r. de l'Arbre-Sec. V.

Bailleul (maifon de M. de), r. du Grand-Chantier. V.

Bailleul (rue de), r. de l'Arbre-Sec, r. des Poulies. V.

Ballets (rue des), r. St-Anthoine, r. du Roi de Cicile. II.

Barbette (rue), r. des Trois-Pavillons, vieille r. du Temple. II.

Barc (rue du), *aujourd'hui rue du Bac*, r. de Sève, quay Malaquais. VIII, IX. Voy. Petite.

Barentin (rue de), r. de la Tisseranderie. — Jardins. V.

Barfours (ruelle), r. St-Denis. IV.

Barillerie (rue de la), quay du Grand-Cours d'eau, Marché-Neuf. V.

Barnabites (les), *monaftère* près St-Éloy. V.

Barre (rue de la), r. des Francs-Bourgeois, r. du Feramoulin. III.

Barre-du-Bec (rue), r. de la Verrerie, r. Ste-Croix de la Bretonnerie. V.

Barres (rue des), rue de la Mortellerie, porte Bodoyer. V.

Barrière, Petit-Chaftelet. V. — place Maubert. V. — pont St-Michel. V. — porte Bodoyer. — r. St-Victor. III. — r. de la Fromagerie. V. — r. St-Anthoine, en face Ste-Catherine du Val des Efcolliers. II. — r. St-Honoré, entre les rues du Cocq & Croix des Petits Champs.

Bétisy (rue de), r. des Bourdonnois, r. de l'Arbre-Sec. V.

Bibliothèque du Roy, r. de la Harpe. VI.

Bievre (rue de), r. Mouftar, riv. des Gobelins. III. — r. St-Victor, quay de la Tournelle. V.

Billettes (les), *couvent des carmes*, r. des Billettes. V.

Billettes (rue des), r. de la Verrerie, r. Ste-Croix de la Bretonnerie. V.

Bisestre (le chateau de). IX.

Blancs-Manteaux (les), *couvent*, rue des Blancs-Manteaux. V.

Blancs-Manteaux (rue des), Vieille rue du Temple, r. Ste-Avoye. II, V.

Bœuf (rue du), r. St-Mederic [jardins]. V.

Beufs (la cour aux), r. des Sept-Voyes. VI.

Bois Flotté (chantiers de), à la Raquette. II.

Bois-le-Vicomte (le chafteau de). VII.

Bonne Nouvelle [églife Notre-Dame], r. Beauregard. IV.

Bon-Puits (rue du), r. Traverfière, r. St-Victor. VI.

Boncours (collège de), r. Bourdel. VI.

Bons-Enfans (collége des), r. St-Victor. II. — r. des Bons-Enfans. V.

Bons-Enfans (rue des), r. St-Honoré, r. des Petits-Champs. V. — r. du Grand-Chantier, r. du Temple. I, IV.

Bons - Enfans (rue Neuve des), r. des Bons Enfants, r. du Petit Repofoir. V.

Bordier (maifon de M.), r. du Parc Royal. II.

Bordier (M.). Voy. Rincy (le).

Boucherie, Grand-Chaftelet. V. — marché au cimetière St-Jean. V. — Marché-Neuf. V. — Petit Chaftelet. V. — porte St-Martin. IV. — r. Montmartre, en face la rue Neuve St-Euftache. IV. — r. Montorgeuil, près la rue de Cléry. IV. — r. Neuve St-Honoré. VIII. — r. Ste-Marguerite. V. — r. St-Martin, près celle des Lombards. V. — de Beauvais, en face des Piliers des Halles, rue de la Tonnelerie. V. — des Gobelins, r. Mouftar. III.

Boucherie (rue de la), r. de Richelieu, r. Neuve St-Honoré. VIII.

Boucheries (rue des), porte

rue du Temple, r. de Xaintonge. 1.

BRETONNERIE (rue de la), r. St-Jacques. VI.

BRETONVILLIERS (maison de M.), r. Bretonvilier (île St-Louis) & quay Daufin. II.

BRETONVILLIER (rue), quay Daufin, r. St-Louys. II.

BRIENNE (hoftel de), quay Malaquais. V.

BRISEMICHE (rue), cloiftre St-Mederic, r. St-Mederic. V.

BUCHERIE (rue de la), place Maubert, r. St-Jacques. V.

BUREAU DE L'ESCRITOIRE, r. des Affis. V.

BUREAU DES DRAPPIERS, r. des Déchargeurs & r. de la Limace. V.

BUREAU DES PAUVRES, Parvis Noftre Dame. V.

BURY-ROSTAING (le chafteau de), appartenant à M. de Roftaing. X.

BUSSY (rue de), r. Neuve des Foffez, r. des Boucheries. V. Voy. PORTE.

BUTTE [DES MOULINS] (la), r. des Moulins. VIII.

C

CALANDRE (rue), r. de la Juifverie, r. de la Barillerie. V.

CALVAIRE (le), r. de Vaugirard. VI.

CALVAIRE (les filles du), couvent, r. St-Louys. 1.

CAMBRAY (collège de), r. St-Jean de Latran. VI.

CANETTES (rue des), r. des Preftres, r. du Four. VI.
— r. St-Chriftophle, r. de la Licorne. V.

CANIVET (rue du), r. des Foffoyeurs, r. Ferou. VI.

CAPETES. Voy. MONTAIGU (collège de).

CAPUCINS (les), couvent, r. d'Orléans. II. — couvent, faubourg St-Jacques du Haut-Pas. VI. — couvent, r. Neuve St-Honoré. VIII.

CAPUCINES (les), rue Neuve St-Honoré. VIII.

CARESME-PRENANT (rue de), fauxbourg du Temple, fauxbourg St-Martin. I, IV.

CARMÉLITES (les), monaftère de femmes, r. Chappon. IV. — fauxbourg St-Jacques & r. d'Enfer. VI.

CARMES (rue des), r. Fromentel, r. des Noyers. V, VI.

CARMES (les), couvent, r. des Carmes. V.

CARMES DESCHAUSSEZ (les), couvent, r. de Vaugirard & r. Caffette. VI.

CARNAVALET (hoftel de), r.

H

CHATS (place aux), r. de la Chauffetterie, r. de la Lingerie. V.

CHAULME (rue du), r. des Blancs-Manteaux, r. des Vieilles-Audriettes. V.

CHAULNES (hoftel de), r. des Efgouts & place Royale. II.

CHAUSSÉE, fauxbourg St-Denis. IV.

CHAUSSETTERIE (rue de la), r. des Déchargeurs, r. de la Tonnellerie. V.

CHAVIGNY (hoftel de), r. des Ballets, Pavée & de la Coufture Ste-Catherine. II.

CHAVIGNY (M. de). Voy. PONT LES CAVES.

CHEF-ST-LANDRY (rue du), r. des Marmouzets, r. d'Enfer. V.

CHEVAL DE BRONZE (le), fur le Pont-Neuf. V.

CHEVAL VERD (rue du), r. des Poftes, r. des Foffez Ste-Genefviève. VI.

CHEVALIER DU GUET (place du), r. du Chevalier du Guet. V.

CHEVALIER DU GUET (rue du), r. St-Denis, r. des Lavandières. V.

CHEVALIER HONORÉ (rue du), r. du Pot de Fer, r. Caffette. VI.

CHEVREUSE (hoftel de), r. St-Thomas du Louvre. VIII.

CHEVREUSE (M. de). Voy. DAMPIERRE.

CHÈZE (r. de la), r. de Sève, r. de Grenelle. IX.

CHIRURGIE (collège de), r. des Cordelires (fic). V.

CHOISY (maifon de M. de), r. du Petit-Bourbon. V.

CHRISTINE (rue), r. des Auguftins, r. Dauphine. V.

CIMETIÈRE, en face St-Eftienne du Mont. VI. — près les Quinze-Vingts. VIII. — DES PRÉTENDUS REFORMEZ, r. des SS. Pères. VIII. — ST-ANDRÉ, r. du Cimetière St-André. V.

CIMETIÈRE ST-ANDRÉ (rue du), r. Hautefeuille, r. de l'Efperon. V.

CIMETIÈRE ST-BENOIST, r. du Cimetière St-Benoift. VI.

CIMETIÈRE ST-BENOIST (rue du), r. Chartière, r. St-Jacques. VI.

CIMETIÈRE-SAINT-INNOCENT (GRAND-), Marché-aux-Poirées, aux Halles. V. — ST-JEAN. Voy. MARCHÉ AU CIMETIÈRE ST-JEAN. — (le) SAINT-NICOLAS, r. Chappon. IV. — VERD, r. de la Verrerie. V.

CIMETIÈRE (rue du), r. Garancé, r. des Foffoyeurs. VI.

CINQ-DIAMANTS (rue des),

DAME (religieuses de la), r. de Chassemidy. IX.

CONSEIL (GRAND-), r. du Petit-Bourbon. V.

CONSULS (les), r. de la Verrerie. V.

CONVALESCENS (hôpital des), r. du Barc. IX.

COQUEREL (collège), r. Chartière. VI.

COQUEREL (rue), r. des Juifs. II.

COQUERON (rue), r. du Bouloy, r. Pagevin. V.

COQUILLES (rue des), r. de la Tisseranderie, r. de la Verrerie. V.

COQUILIÈRE (rue), r. du Four, r. des Petits-Champs. V.

CORDELIERS (les), *couvent*, r. des Cordelires (*fic*). V.

CORDELIÈRES (les), *monaftère de femmes*, r. de l'Urfine. III.

CORDELIRES [*fic*] (rue des), r. de la Harpe, porte St-Germain. V.

COURDERI (*fic*), pour CORDERIE, au Palais Royal, fur la rue St-Honoré. V.

CORDERIE (rue de la), r. de Beauffe, r. du Temple. I, IV.

CORDERIE (cul-de-fac de la), r. Montorgueil. IV.

CORDIERS (rue des), r. St-Jacques. VI.

CORDONNERIE (rue de la), r. de la Tonnellerie, carreau des Halles. V.

CORDONNERIE (r. de la VIEILLE-), r. de la Vieille-Harangerie, r. des Defchargeurs. V.

CORNE (rue de la), r. des Vignes, r. des Poftes. VI.

CORNE (rue de la PETITE), r. du Vieil Colombier, r. du Four. VI.

CORNUAILLE (collège de), r. du Plaftre [St-Jacques]. V.

CORPS-DE-GARDE, Palais-Royal. V, VIII.

COSSONNERIE (rue de la), r. St-Denis, marché aux Poirées. V.

COULOMBIER (le), r. du Vieil Colombier. IX.

COUPEAUX (rue des), r. Mouffetard, r. St-Victor. III.

COUR AUX BEUFS (la), r. des Sept-Voyes. VI.

COUR DU PALAIS. Voy. PALAIS.

COUR DES MORTS (rue de la), r. Beaubourg, r. St-Martin. V.

COURANCES (le chafteau de), appartenant à M. Gallard. X.

COUROYERIE (rue de la), r. Beaubourg, r. St-Martin. V.

COURS DE LA REINE. Voy. REINE.

COURTAUVILAIN (rue), r. du

mieux de Lesdiguieres,
r. Cerisay. II.

Deux-Boulles (rue des), r.
des Lavandières, r. des
Bourdonnois. V.

Deux-Portes (rue des), r.
St-Martin, r. St-Denis. IV.
— r. du Petit-Lyon, r. St-
Sauveur. IV, V. — r. de
la Tisseranderie, r. de la
Verrerie. V. — r. St-Ger-
main de l'Auxerrois, r.
Jean l'Entier. V. — r. de
la Harpe, r. Hautefeuille.
V.

Dix Vertus (les), r. de Sève.
IX.

Doctrine chrétienne (pères
de la), r. des Fossez [St-
Victor]. III.

Douanne (la), r. des Bourdonnois. V.

Douze-Portes (rue des), r.
St-Pierre, r. St-Louys. II.

Doyenné (rue du), r. St-
Thomas du Louvre, r. Ma-
tignon. VIII.

Droit-Canon (collège de),
r. St-Jean de Beauvais. VI.

Du Plessis (collège), r. St-
Jacques. VI.

E

Effiat (hostel d'), vieille
rue du Temple. II.

Enfans (les) Rouges, r. des
Bons Enfans. I, IV.

Enfans (pré des), près les
Gobelins. III.

Enfer (rue d'), r. des Francs-
Bourgeois, r. de la Muette.
III. — cloistre Nostre-Da-
me, r. du Chef St-Landry.
V. — grand reservoir des
eaux d'Arcueil, porte St-
Michel. VI.

Enfermez (les) [*hôpital*], r.
St-Victor. III.

Eschelle du Temple (l'),
r. des Vieilles Audriettes.
V.

Eschaudé (l'), r. Neuve St-
Honoré. VIII.

Eschaudé (rue de l'), jeu de
Longue - Paulme , r. de
Seine. V.

Escolle (quay de l'), r. du
Petit - Bourbon, place de
l'Escolle. V. Voy. Port
& Place.

Escossois (collège des), r.
des Amandiers. VI.

Escosse (rue d'), r. des Sept-
Voyes, r. Fromentel. VI.

Escouan (le chasteau d').
VII.

Escouffes (rue des), r. du
Roy de Cicile, r. des Ro-
siers. II.

Escurie (l') de l'hôtel de
Nemours, r. des Augustins.
V. — de la reine, r. Ma-

FERRE (rue au), r. Calandre, r. Gervais-Laurent. V.

FERS (rue aux), r. St-Denis, Marché aux Poirées. V.

FEUILLANS DES SS. ANGES (le monaſtère des), r. d'Enfer. VI.

FEUILLANS (les), *couvent*, r. Neuve-St-Honoré. VIII.

FEUILLANTINES (les), *couvent*, fauxbourg St-Jacques-du-Haut-Pas. VI.

FIGUIER (rue du), r. des Jeuſneurs. IV. — r. de la Mortellerie, r. des Preſtres. II.

FILLES DIEU (couvent des), r. St-Denis, et r. Neuve-St-Sauveur. IV.

FILLES DIEU (rue des), r. St-Denis, r. de Bourbon. IV.

FILLES PÉNITENTES (les), *maiſon religieuſe*, r. St-Denis et r. St-Magloire. V.

FOIN (rue du), r. St-Louys, hoſp. de la Charité des femmes. II. — r. St-Jacques, r. de la Harpe. V.

FOIRE (rue au), r. Galande, r. de la Bucherie. V.

FOIRE SAINT GERMAIN (la). V, VI. Voy. PORTE.

FONTAINE, à l'Eſchaudé, près la r. Neuve-St-Honoré. VIII. — à la Grève. V. — au coin de l'Arbre-Sec & de la r. St-Honoré. V. —

au coin des rues Bourdel & de la Montaigne-Ste-Geneſviève. VI. — devant l'hoſpital St-Lazare. IV. — en face le cloiſtre St-Benoiſt, r. St-Jacques. VI. — fauxbourg St-Jacques-du-Haut-Pas, près Noſtre-Dame des Champs. VI. — Parvis Noſtre-Dame. V. — Pilliers des Halles. V. — place Maubert. V. — porte Bodoyer. V. — porte St-Michel. VI. — quay des Auguſtins. V. — r. des Vieilles - Haudriettes. V. — r. Barre-du-Bec. V. — r. de la Barillerie. V. — r. de la Couſture-Ste-Catherine & r. St-Anthoine. II. — r. des Cordelires (*ſic*). V. — r. du Chaulme. V. — r. Neuve-des-Bons-Enfans. V. — r. Neuve-des-Foſſez. V. — r. Pierre-au-Poiſſon. V. — r. St-Jacques, au coin de la r. St-Severin. V. — r. St.-Denis & r. aux Fers. V. — r. St-Laurent. IV. — r. St-Martin (entre les rues de la Couroyerie & Maubué). V. — DE LA REINE, au coin de la rue Greneta. IV. — DU PONTIEU, r. St-Denis, au coin de la rue des Eſgouts. IV.

FRIPPERIE (rue de la GRANDE), aux Halles. V.

FRIPPERIE (rue de la PETITE), aux Halles. V.

FROMAGERIE (rue de la), marché aux Poirées, r. Traifnée. V.

FROMENTEL (rue), r. des Sept-Voyes, r. St-Jean-de-Beauvais. VI.

FUZEAUX (rue des), quay de la Mégifferie, r. St-Germain-de-l'Auxerrois. V.

G

GABELLES (bureau des), r. Barre-du-Bec. V.

GAILLARDBOIS (rue du), r. de la Croix, r. St-Martin. IV.

GAILLON (rue de), r. Neuve-St-Honoré. VIII.

GALANDE (rue), place Maubert, r. St-Jacques. V.

GALERIE. Voy. LOUVRE.

GALLARD (M.). Voy. COURANCES.

GALLARD (maifon de M.), r. St-Louys [en l'ifle]. II.

GARANCÉ ou Garancière (rue), r. de Vaugirard, r. des Preftres. VI.

GARENNE (la), prés la porte de la Conférence. VIII.

GEOFFROY L'ANGEVIN (rue), r. Ste-Avoye, r. Beaubourg. V.

GERVAIS (maifon de M.), r. de la Feronnerie. V.

GERVAIS LAURENT (rue), r. de la Lanterne, r. de la Vieille-Drapperie. V.

GERVAIS OU DES MORINS (rue), r. des Couftures-St-Gervais, r. St-François. II.

GÈVRES (rue de), r. de la Planchemibret, pont Noftre-Dame. V.

GILLE CŒUR (rue), r. St-André-des-Arts, quay des Auguftins. V.

GINDRE (rue du), r. Mezière, r. du Vieil-Colombier. VI.

GIRARD (maifon de M.), r. de Monnoye. V.

GLATIGNY (rue), r. des Marmouzets, la Seine. V.

GOBELINS (les), r. Mouftar & rivière des Gobelins. III.

GOBELINS (la rivière des). II, III.

GRAND CHANTIER (rue du), r. des Vieilles-Audriettes, r. Paftourelle. V.

GRAND COURS D'EAU (quay du), le pont au Change, le Pont-Neuf. V.

GRANDE POSTE (la), r. St-Jacques. V.

GRANDS DEGRÉS (les), en face la rue de Bièvre. V.

H

HARLAY (rue de), quay des Orphèvres, quay du Grand-Cours-d'eau. V.

HARPE (rue de la), porte St-Michel, r. St-Severin. V, VI.

HARQUEBUSIERS (jardin des), en face la rue des Tournelles. II.

HAUDRIETTES (les), hofpice & chapelle, r. de la Mortellerie. V.

HAUTEFEUILLE (rue), r. des Cordelires (*fic*), r. du Cimetière St-André. V.

HAUT MOULIN (rue du), r. Glatigny, r. de la Lanterne. V.

HEAUMERIE (rue de la), r. de la Vieille-Monnoye, r. St-Denis.

HÉMERY (maifon de M. d'), r. Neuve-des-Petits-Champs. V.

HERVALT (maifon de M. d'), r. des Vieux-Auguftins. V.

HOMME ARMÉ (rue de l'), r. Ste-Croix-de-la-Bretonnerie, r. des Blancs-Manteaux. V.

HOSPITAL (hoftel de l'), r. des Foffés-Montmartre & du Petit-Repofoir. V.

HOSPITAL (M. le maréchal de L'), gouverneur de Paris, fes armoiries. I.

HOSTEL DE VILLE (l'). V.

HOSTEL DIEU (le grand), parvis Noftre-Dame. V.

HUCHETTE (rue de la), r. St-Jacques, r. de la Bouclerie. V.

I

INCURABLES (les), r. de Sève. IX.

IRONDELLE (rue de l'), place du Pont-St-Michel, r. Gille-Cœur. V.

ISLE DU PALAIS OU PLACE DAUPHINE, r. de Harlay, le Pont-Neuf. V.

J

JACOBINS (les), *couvent*, r. de la Harpe, r. St-Jacques. VI.

JACOBINS (novitiat des), r. St-Dominique. VIII.

JACOBINS (les PP.), r. Neuve-St-Honoré. VIII.

JANIN (maifon de M.), quay St-Paul. II.

JARDINET (rue du), r. Mignon, cour de Rouen. V.

JARDINS (rue des), r. des Barrières, r. des Prestres. II.

JEAN BEAU SIRE (rue), porte

glife St - Nicholas - des - Champs. IV.

MARCHÉ AU CHANVRE (le), r. de la Tonnellerie. V.

MARCHÉ AU CIMETIÈRE ST JEAN, r. de la Verrerie, porte Bodoyer. V.

MARCHÉ AUX CHEVAUX, le mercredi, r. St-Victor. III. — Marché aux Chevaux des famedys, près la rue de Gaillon. VIII.

MARCHÉ AUX COCHONS (le), r. St-Victor. III.

MARCHÉ AUX CUIRS (le), à gauche de la halle aux Draps, derrière la Boucherie de Beauvais. V.

MARCHÉ AUX POIRÉES, r. de la Lingerie, aux Halles. V.

MARCHÉ NEUF (le), à droite du pont St-Michel. V.

MARCHÉ PALUT (le), à la fuite de la rue de la Juifverie, près du Petit-Pont. V.

MARÉE (la), pilliers des Halles. V.

MARETS (rue des), r. de Seine, r. des Petits-Auguftins. V. — fauxbourg St - Martin. IV.

MARIE (PONT). Voyez. PONT.

MARIONNETES (rue des), r. de l'Arbalefte, fauxbourg St-Jacques-du-Haut-Pas. VI.

MARIVAUX (rue), port au Bled, r. de la Mortelle-

rie. V. — r. des Efcrivons, r. des Lombards. V. Voy. PETITE.

MARMOUTIER (collège de), r. St.-Jacques. VI.

MARMOUZETS (rue des), r. de Bièvre, r. St-Hipolyte. III.

MASCON (rue), r. de la Bouclerie, r. St-André-des-Arts. V.

MASSONS (rue des), place de la Sorbonne, r. des Mathurins. VI.

MATHURINS (les), *couvent*, r. des Mathurins & r. du Foin. V.

MATHURINS (rue des), r. St-Jacques, r. de la Harpe. V.

MATIGNON (rue), r. des Orties. VIII.

MATIVAUX (rue). Voy. MARIVAUX.

MAUBERT (place). Voy. PLACE.

MAUBUÉ (rue), r. du Poirié, r. St-Martin. V.

MAUCONSEIL (rue), r. St-Denis, r. Montorgueil. V.

MAUROY (maifon de M. de), r. Neuve-St-Honoré. VIII.

MAUVAIS GARÇONS (rue des), r. de la Tifferanderie, r. de la Verrerie. V.

MAUVAIS GARÇONS (rue des), r. des Boucheries, r. de Buffy. V.

MAUVAISES PAROLES (rue des),

J

MONTAIGNE STE GENEVIÈVE
(rue de la), place de l'Ab-
baye-Ste-Genefviève, place
Maubert. V, VI.

MONTAIGU (collège de), ou
CAPETES, r. St-Eſtienne-
des-Grés. VI.

MONTMARTRE. Voy. PORTE.

MONTMARTRE (Paris vu de). I.

MONTMARTRE (rue), r. Traiſ-
née, porte Montmartre.
IV, V.

MONTMARTRE (ruette), r.
Montmartre. II.

MONTMOR (maiſon de M. de),
r. Ste-Avoye. V.

MONTMOR (M. de). Voy. MES-
NIL HABERT.

MONTMORENCY (hoſtel de),
r. Ste-Avoye. V.

MONTMORENCY (rue), rue
Trouſſe-Nonain, rue St-
Martin. V.

MONTORGUEIL (rue), r. de la
Fromagerie, r. de Cléry.
IV, V.

MORFONDUS (rue des), r. des
Coupeaux, r. des Foſſez
St-Viċtor. III.

MORIER (rue du), r. de la
Verrerie, r. Ste-Croix-de-
la-Bretonnerie. V.

MORINS (rue des). V. GER-
VAIS (rue).

MORTELLERIE (rue de la),
r. du Fauconnier, la Grève.
II, V.

MOUFTAR (rue), vieille porte
St-Marcel, porte St-Mar-
ceau. III, VI.

MOULINS, en amont & en
aval du pont Notre-Dame.
V.

MOULINS (rue des), la Butte,
r. des Moyneaux. VIII.

MOUTON (rue du), la Grève,
r. de la Tiſſeranderie. V.

MOYNEAUX (rue des), r. des
Moulins, r. d'Argenteuil.
VIII.

MUETTE (rue de la), r. St-
Viċtor, r. de la Barre. III.

N

NANTEUIL (le chaſteau de),
appartenant à M. de Schomberg. X.

NARBONE (collège de), r. de
la Harpe. VI.

NATIVITÉ DE JÉSUS (religieuſes de la), au coin des
rues Payenne & des Francs-
Bourgeois. II.

NAVARRE (collège de), r. de
la Montaigne Ste-Genef-
viève. VI.

NELLE. Voy. PORTE, TOUR.

NEMOURS (hoſtel de), r. Pavée d'Andouilles & r. des
Auguſtins. V.

NESMOND (hoſtel de), quay
de la Tournelle. V.

O

ORGEMONT (chapelle d'), ci-metière St-Innocent. V.

ORLÉANS (palais d'), r. de Vaugirard. VI.

ORLÉANS (quay d'), au pont de la Tournelle, r. St-Louys (île St-Louis). V, VI.

ORLÉANS (rue d'), r. St-Honoré, r. des Deux-Efcus. V. — r. des Quatre-Fils, r. de Berry. II. — r. Mouftar, r. St-Victor. III.

ORLOGE (l') DU PALAIS, r. de la Barillerie & quai du Grand-Cours-d'eau. V.

ORLOGE (l') ST-EUSTACHE, à la pointe St-Euftache. V.

ORPHÈVRES (quay des), poterne du Palais, le Pont-Neuf. V.

ORTIES (rue des), r. St-Thomas du Louvre. VIII.

OURS (rue aux), r. St-Martin, r. St-Denis. V.

P

PAGEVIN (rue), r. Coqueron, r. des Vieux-Auguftins. V.

PALAIS (le), la cour, la poterne, l'horloge, V.

PALAIS ROYAL. V, VIII.

PALAIS ROYAL (offices du), r. des Bons-Enfans. V.

PAN (rue du), r. Traverfière, r. St-Victor. V, VI.

PAON (rue du), r. des Cordelires (*fic*), r. du Jardinet, V. Voy. PETITE.

PARADIS (rue de), r. des Vignes, fauxbourg St-Jacques-du-Haut-Pas. VI. — vieille r. du Temple, r. du Chaulme. V.

PARCHEMINERIE (rue de la), r. St-Jacques, r. de la Harpe. V.

PARC ROYAL (rue du), place Royale, r. des Minimes. II. — r. St-Louys, r. de Tourigny. II.

PARIS. Voy. MONTMARTRE & VILLE.

PARVIS NOSTRE DAME (le). V.

PASTOURELLE (rue), r. du Grand-Chantier, r. du Temple. I, IV.

PAULME (jeu de longue), foffez St-Germain des Prez. VI. — r. des Foffez-Ste-Genefviéve. VI. — r. du Petit-Bourbon, r. de l'Efchaudé. V.

PAVÉE (rue), r. du Roy-de-Cicile, r. des Francs-Bourgeois. II. — r. des Deux-Portes, r. Montorgueil. V.

PAVÉE D'ANDOUILLES (rue), r. St-André-des-Arts, quay des Auguftins. V.

PICARDIE (collège de), r. au Foire. V.

PIERRE AU LART (rue), r. St-Mederic, r. du Poirié. V.

PIERRE AU POISSON (rue), r. St-Denis, la Vallée de Mifère. V.

PIERRE SARRAZIN, (rue) r. de la Harpe, r. Hautefeuille. V.

PIETRE (maifon de M.), r. des Billettes & r. de la Verrerie. V.

PILORY (le), Pilliers des Halles. V.

PINCOUR (religieufes de), r. de Pincourt. I.

PINCOUR (rue de), aujour-d'hui *Popincourt*, village de Pincour, fauxbourg du Temple. I.

PINCOUR (village de), r. de Pincour. I.

PIQUET (rue), r. des Blancs-Manteaux, maifon de M. de Novion. V.

PIZIEUX (hoftel de), r. St-Honoré & r. d'Orléans. V.

PLACE AU POISSON (la), der-rière le Petit-Chaftelet. V. — AUX VEAUX, quai St-Paul. II; et r. Planche-Mibret, r. de la Vieille-Tannerie. V. — DAUPHINE, ifle du Palais. V. — DE L'ESCOLLE, quay de l'Ef-colle, r. de l'Arbre-Sec.

V. — MAUBERT, r. de la Montaigne-Ste-Genefviève.

V. — MOFIS, quay St-Paul.

II. — ROYALE (la), rues Royale, St-Louis, du Parc-Royal. II.— DE LA SORBON-NE, r. de la Sorbonne. VI.

PLANCHEMIBRET (rue de la), r. de Gèvres, r. St-Jacques-de-la-Boucherie. V.

PLANTES (jardin des) MÉDICI-NALES, r. St-Victor. III.

PLASTRE (rue du), r. des Anglois, r. St-Jacques. V. — r. de l'Homme-Armé, r. Ste-Avoye. V.

PLASTRIÈRE (rue), r. Coqui-lière, r. Montmartre. V.

PLAT D'ESTAIN (rue du), r. des Lavandières, r. des Defchargeurs. V.

PLEURS (rue GRAND), r. St-Denis). IV.

POICTOU (rue de), vieille r. du Temple. I.

POIDS DU ROY (le), r. des Lombards. V.

POIRÉES (rue des), r. St-Jacques. VI.

POISSONNIÈRE (petite rue), r. Beauregard, r. de la Lune. IV.

POITEVINNE. (rue), r. Hau-tefeuille, r. du Batoit. V.

POMPE (la), au Pont-Rouge. VIII.

PONCEAU (le), à l'embou-

PLE, entre la r. du Temple & le fauxbourg du Temple. I. — GREFFIÈRE, r. des Boucheries. V. — MONTMARTRE. IV. — NEUVE, au Louvre. VIII, & vue de la Galerie du Louvre. III. Voy. TOUR. — PAPALE, murée, r. des Foſſez-Ste-Geneviefve. VI. — SAINT ANTOINE, près la Baſtille. II. — SAINT GERMAIN. V. — SAINT HONORÉ, r. Neuve-St-Honoré. VIII. — SAINT DENIS, r. Saint-Denis, r. du Faubourg St-Denis. IV. — SAINT JACQUES, entre la rue St-Jacques & du Faubourg. VI. — DU FAUBOURG ST JACQUES. VI. — SAINT MARCEAU, en haut de la rue Bourdel. VI. — SAINT MARCEL (vieille), r. Mouftar & chemin de Villejuive. III. — SAINT MARTIN, r. St-Martin, fauxbourg St-Martin. IV. — SAINT MICHEL, en haut de la rue de la Harpe. VI. — SAINT VICTOR, au bout de la rue St-Victor. III.

POSTE AUX LETTRES, r. St-Jacques. V.

POSTES (rue des), r. de l'Arbaleſte, r. des Foſſez-Ste-Geneviefve. VI.

POT DE FER (rue du), r. Mouftar, r. des Poſtes. III, VI. — r. de Vaugirard, r. du Vieil-Colombier. VI.

POTERNE DU PALAIS. Voy. PALAIS.

POTTERIE (rue de la), r. de la Tiſſeranderie, r. de la Verrerie. V. — aux Halles, r. de la Lingerie, r. de la Tonnellerie. V.

POULES (rue des), r. du Puits-qui-parlé, r. des Foſſez-Ste-Geneviefve. VI.

POULETTERIE (rue), r. St-Louys, quay d'Alençon. II.

POULIES (rue des), r. des Foſſez-St-Germain, r. St-Honoré. V.

POUPÉE (rue), r. de la Harpe, r. Hautefeuille. V.

PRÉ AUX CLERCS (le). VIII.

PRÉMONTRÉ (collège de), r. Hautefeuille & r. des Cordelires (ſic). V.

PRESCHEURS (rue des), r. St-Denis, Pilliers des Halles. V.

PRESLE (collège de), r. des Carmes. V.

PRESTRES (rue des), r. St-Sulpice, r. des Canettes. VI. — r. Bourdel, place de l'Abbaye-Ste-Geneviefve. VI. — r. de la Parcheminerie, r. St-Severin. V. — ST GERMAIN L'AUXERROIS, cloiſtre

RAMPART (rue du), r. de Richelieu, r. Neuve-St-Honoré. VIII.

RAQUETTE (la), à la Baftille. II.

RATS (rue des), r. Galande, r. de la Bucherie. V.

REALE (rue de la), Pilliers des Halles, r. de la Truanderie. V.

RECOLETES (les), r. de Varennes, r. du Bac. IX.

RECOLLETS (les), ruelle des Recollets. IV.

RECOLLETS (ruelle des), r. St-Laurens. IV.

REGARD, r. d'Enfer. VI. — r. des Blancs-Manteaux. II. — vieille rue du Temple, en face l'hoftel d'O. II. — en face la vieille rue du Temple. I.

REGNARD (maifon de M.), quay des Thuilleries. VIII.

REGNARD (rue du), r. de la Verrerie, r. St-Mederic. V.

REGRATIÈRE (rue), quay d'Orléans, quay de Bourbon. II.

REINE (commencement du cours de la). VIII.

REINE (chapelle de la). Voy. CHAPELLE.

REINE BLANCHE (rue de la), r. Mouftar, chemin de Villejuive. III.

RENARD (rue du), r. St-Denis, r. des Deux-Portes. IV.

RÉSERVOIR (grand) des eaux d'Arcueil. Voyez ENFER (rue d'). VI.

RETZ (hoftel de), r. d'Orléans. II.

RHEIMS (collège de), r. de Rheims. VI.

RHEIMS (rue de), r. de Rheims, r. St-Siphorien. VI.

RICHELIEU (rue de), r. Neuve-St-Honoré, porte Richelieu. VII, VIII.

RICHELIEU (hoftel de), r. de Richelieu. VIII.

RICHELIEU (collège de), r. de Sorbone. VI. Voy. PORTE.

RINCY (le), appartenant à M. Bordier. X.

ROCHEGUION (hoftel de LA), r. des Bons-Enfans. V.

ROHAN (hoftel de), au coin sud de la place Royale. II.

ROME (impaffe de), au coin des rues Au Maire & Frepilon. IV.

ROSIERS (rue des), r. de Grenelle, r. St-Dominique, VIII, IX. — r. des Juifs, vieille r. du Temple. II.

ROSNY (le chafteau de), appartenant à M. de Sully. X.

ROSTAING (M. de). Voy. BURY-ROSTAING.

Saint Claude (rue), r. St-Louys. II.

Saint Denis de la Chartre, *prieuré*, r. de la Lanterne (dans la Cité). V.

Saint Denis du Pas, *églife*, cloiftre Noftre-Dame. V.

Saint Denis (hoftel), r. du Grand-Chantier. V.

Saint Denis (rue), pont au Change, porte Saint-Denis. IV, V.

Saint Dominique (rue de), r. des Saints-Pères, Grenelle. VIII. — faubourg Saint-Jacques-du-Haut-Pas, r. d'Enfer. VI.

Saint Eloy, *cenfive*, r. de la Barillerie. V.

Saint Eloy, *chapelle*, r. St-Paul. II.

Saint Esprit (hoftel du), demeure de l'autheur, r. Neuve-Saint-Honoré. VIII.

Saint Esprit, *chapelle*, hoftel de ville. V.

Saint Estienne des Grés, *églife*, r. Saint-Jacques & r. Saint-Eftienne-des-Grés. VI.

Saint Estienne des Grés (rue), r. des Sept-Voyes, r. Saint-Jacques. VI.

Saint Estienne du Mont, *églife*. VI.

Saint Estienne (rue), r. Beauregard, r. de la Lune. IV.

Saint Eustache, *églife*, rues du Four, Traifnée, Montmartre. V.

Saint Eustache (rue Neuve), r. Montorgueil, r. Montmartre. V.

Saint Ferron (hoftel), r. de la Verrerie. V.

Saint Fies [*fic*, pour Fiacre] (rue), r. Saint-Martin. — (cul-de-fac). V.

Saint François (rue), r. St-Louys, vieille r. du Temple. II.

Saint Geran (hoftel de), place Royale, près la rue des Tournelles. II.

Saint Germain des Prez, *abbaye*, r. St-Benoift, r. Ste-Marguerite & r. du Coulombier. V.

Saint Germain l'Auxerrois, *églife*. III.

Saint Germain de l'Auxerrois (rue), r. Saint-Denis, r. de Monnoye. V.

Saint Germain le Vieil, *églife*, au Marché-Neuf, *dans la Cité*. V.

Saint Germain (le chafteau de). IX.

Saint Gervais, *églife*. V.

Saint Gervais (hofpital), près St-Gervais. V.

Saint Gilles (rue Neuve), r. St-Louys. II.

Saint Guillaume (rue), r.

SAINT LAURENS, *églife*, r. St-Laurens. IV.

SAINT LAURENS (rue), faubourg St-Martin. IV.

SAINT LAURENS (rue NEUVE), r. du Temple, r. de la Croix. IV.

SAINT LAURENS (ruette), r. St-Lazare, r. St-Laurens. IV.

SAINT LAZARE (grand enclos de). IV.

SAINT LAZARE (hofpice, lapinière), r. St-Lazare. IV.

SAINT LAZARE (rue), ruette St-Laurens. IV.

SAINT LEU SAINT GILLES, *églife*, r. St-Denis. V.

SAINT LOUIS (hofpital), ruette des Recoletz. I, IV.

SAINT LOUYS, *églife*. Voy. JÉSUITES. — r. St-Louys [en l'ifle]. II.

SAINT LOUYS (l'ifle). II, V.

SAINT LOUYS (rue), porte du Temple, r. Neuve-Ste-Catherine. I, II. — pont St-Michel, poterne du Palais. V. — quay Daufin, quay d'Orléans (île St-Louis). II, V.

SAINT MAGLOIRE, *églife*, faubourg St-Jacques-du-Haut-Pas. VI.

SAINT MAGLOIRE (prifon), r. Saint-Magloire. V.

SAINT MAGLOIRE (rue), r.

Salle-au-Comte, r. St-Denis. V.

SAINT MARCEL, *églife*, r. au Foure. V. — r. des Francs-Bourgeois, faubourg St-Marcel, r. Mouftar. III.

SAINT MARTIN, *abbaye*, rues St-Martin, au Maire, Frepilon. IV.

SAINT MARTIN (rue), porte St-Martin, r. des Lombards. V.

SAINT MARTIN (petite rue), aux Halles. V.

SAINT MARTIN (rue NEUVE), r. de la Croix, r. St-Martin. IV.

SAINT MARTIN (faubourg), porte St-Martin, porte St-Laurens. IV.

SAINT MARTIN, *églife*, r. Mouftar. III.

SAINT MAUR (rue), r. de Chaffemidy, r. de Sève. IX.

SAINT MÉDART, *églife*, r. d'Orléans, r. Mouftar. III.

SAINT MEDERIC, *églife Saint-Merry*, r. St-Martin. V.

SAINT MEDERIC (rue), r. Barre-du-Bec, r. St-Martin. V.

SAINT MICHEL (collège de), r. Perdue & r. de Bièvre. V.

SAINT MICHEL, *chapelle*, cour du Palais. V.

(rue), r. des Orties, r. Neuve-St-Honoré. VIII.

SAINT THOMAS (clocher), galerie du Louvre. III.

SAINT THOMAS (couvent des filles), près la porte Richelieu. VII.

SAINT THOMAS (rue), fauxbourg St-Jacques-du-Haut-Pas, r. d'Enfer. VI.

SAINT VICTOR (abbaye), rues Neuve-St-Victor, de Seine, rivière des Gobelins. III.

SAINT VICTOR (rue), porte St-Victor, place Maubert. V, VI.

SAINT VICTOR (rue), r. des Sauffayes, porte St-Victor. III. Voy. PORTE.

SAINT VINCENT (rue), r. Neuve-St-Honoré. VIII.

SAINT YVES, *chapelle*, r. St-Jacques. V.

SAINTE ANNE (rue), la Butte des Moulins. VIII.

SAINTE AVOYE (religieufes de), r. Ste-Avoye. V.

SAINTE AVOYE (rue), r. Ste-Croix-de-la-Bretonnerie, r. Michel-le-Comte. V.

SAINTE BARBE (collège), r. St-Siphorien. VI.

SAINTE BARBE (rue), r. Beauregard, r. de la Lune. IV.

SAINTE CATHERINE DU VAL DES ESCOLLIERS, r. St-Anthoine, r. de la Coufture-Ste-Catherine. II.

SAINTE CATHERINE (cour), r. St-Denis. IV.

SAINTE CATHERINE (rue NEUVE), r. St-Louys, r. Payenne. II.

SAINTE CATHERINE (hofpital), r. St-Denis & r. des Lombards. V.

SAINTE CHAPELLE (la), cour du Palais. V.

SAINTE CROIX DE LA BRETONNERIE (les chanoines de), r. Ste-Croix-de-la-Bretonnerie. V.

SAINTE CROIX DE LA BRETONNERIE (rue), vieille r. du Temple, r. Ste-Avoye. V.

SAINTE CROIX DE LA CITÉ (églife), r. au Foure. V.

SAINTE ÉLISABETH (les filles), rues du Temple & Neuve-St-Laurens. IV.

SAINTE GENEFVIÈVE (abbaye). VI.

SAINTE GENEFVIÈVE (rue), r. du Pot-de-Fer, r. des Foffez-Ste-Geneviefve. VI.

SAINTE GENEVIEFVE DES ARDANS, *églife*, r. St-Chriftophle. V.

SAINTE GENEVIÈVE (rue NEUVE), r. des Poftes, r. du Pot-de-Fer. III, VI.

SAINTE MARGUERITE (rue), r. de Buffy, r. St-Benoift. V.

L

TRINITÉ (églife & couvent de la), r. Greneta. IV.

TRIPELLE (rue), r. Gratieufe, r. de la Clef. III.

TROIS CHANDELIÉS (rue des), r. de la Huchette. V.

TROIS MARIES (rue des), quay de l'Efcolle, r. St-Germain de l'Auxerrois. V.

TROIS MORES (rue des), r. des Lombards, r. Trouffe-vache. V.

TROIS PAVILLONS (rue des), r. des Francs-Bourgeois, r. du Parc-Royal. II.

TROIS PORTES (rue des), place Maubert, r. Galan-de. V.

TROIS VILLAGES (rue des), r. Sartin-Pètre, r. Thibaud-Todé. V.

TROUSSE NONAIN (rue), r. Grenier-St-Lazare, r. au Maire. V.

TROUSSEVACHE (rue), r. des Cinq-Diamants, r. St-De-nis. V.

TRUANDERIE (rue de la), r. St-Denis, r. de Montor-gueil. V.

TRUANDERIE (petite rue de la), r. de la Truanderie, r. de Mondétour. V.

TRUYES (rue aux), r. Beau-bourg, jardins. V.

TUBŒUF (maifon de M.), r. de Richelieu. VIII.

TURIE (rue de la), r. de la Vieille-Tannerie, r. St-Jacques-la-Boucherie. V.

U

URSINE (r. de l'), r. Mouf-tar. III.

URSINS (hoftel des), r. Gla-tigny. V.

URSULINES (les), fauxbourg St-Jacques-du-Haut-Pas. VI.

V

VAL DE GRACE (le), faux-bourg St-Jacques-du-Haut-Pas, VI.

VALÈRE (rue de la), r. d'A-vignon, r. de la Heaume-rie. V.

VALLÉE DE MISÈRE (la), r. de l'Abrevoir-Pepin, r. Pier-re-au-Poiffon. V.

VANDOSME (M. de). Voy. ANET.

VANDOSME (hoftel de), r. Neuve-St-Honoré. VIII.

VANNERIE (rue de la), la Grève, r. de la Planche-mibret. V.

VANTADOUR (hoftel de), r. de Tournon & rue Ga-rancé. VI.

Vitry (hoftel de), r. St-
Louys. II.

Vivien (rue), en face les
filles de St-Thomas. VII,
VIII.

Volière (la), quay des Thuilleries. VIII.

Vrillière (hoftel de La), r.
Neuve-des-Petits-Champs.
V.

X

Xaintonge (rue de), r. de
Bretagne. I.

Z

Zacharie (rue), r. St-Severin, r. de la Huchette. V.

FIN DE LA TABLE DU PLAN.

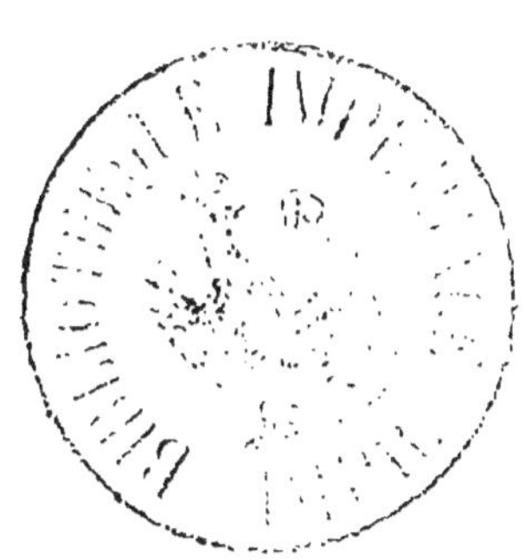

TYPOGRAPHIE DE CH. LAHURE & CIE,
Imprimeurs du Sénat & de la Cour de Caſſation,
rue de Vaugirard, 9.